大学生形体礼仪基础教程

高等院校艺术学门类"十四五"规划教材

- 主　编　马宏燕
- 副主编　曾　捷　刘　慧　王登勇　李延召　周艳芳
- 参　编　姚　娟　朱　丽　李　姗　郑　艳　耿　悦
　　　　　熊素芝　马晶晶　刘聪颖　徐　芳

A R T D E S I G N

华中科技大学出版社
http://www.hustp.com
中国·武汉

内 容 提 要

全书分为上、下两篇,共4章,上篇讲解了身姿认识、形体梳理;下篇讲解了礼仪概述、大学生个人礼仪、校园礼仪、公共礼仪、社交礼仪、求职面试礼仪以及习俗礼仪。全书为大学生量身打造,用规范的礼仪来指导大学生的言行举止,使其学礼用礼,以礼待人;让大学生在学习知识、培养沟通技能等方面全面和谐发展,增强就业竞争力,从而提高大学生的整体素质。

《大学生形体礼仪基础教程》课件(提取码 tcfh)

图书在版编目(CIP)数据

大学生形体礼仪基础教程/马宏燕主编. —武汉:华中科技大学出版社,2020.7(2024.7 重印)
高等院校艺术学门类"十四五"规划教材
ISBN 978-7-5680-6343-2

Ⅰ.①大… Ⅱ.①马… Ⅲ.①形体-健身运动-高等学校-教材 ②礼仪-高等学校-教材 Ⅳ.①G831.3 ②K891.26

中国版本图书馆 CIP 数据核字(2020)第 123532 号

大学生形体礼仪基础教程
Daxuesheng Xingti Liyi Jichu Jiaocheng

马宏燕 主编

策划编辑:彭中军
责任编辑:张会军
封面设计:优 优
责任校对:李 琴
责任监印:朱 玢
出版发行:华中科技大学出版社(中国·武汉)　　电话:(027)81321913
　　　　　武汉市东湖新技术开发区华工科技园　　邮编:430223
录　　排:华中科技大学惠友文印中心
印　　刷:武汉科源印刷设计有限公司
开　　本:880mm×1230mm　1/16
印　　张:7.5
字　　数:216 千字
版　　次:2024 年 7 月第 1 版第 2 次印刷
定　　价:59.00 元

本书若有印装质量问题,请向出版社营销中心调换
全国免费服务热线:400-6679-118　竭诚为您服务
版权所有　侵权必究

前言

中国具有五千年文明史,素有"礼仪之邦"的美誉,中国人也以彬彬有礼著称。礼仪文明作为中国传统文化的一个重要组成部分,对中国社会发展有着广泛深远的影响,其内容十分丰富,涉及的范围十分广泛,几乎渗透社会的各个方面。

进入21世纪,人类社会正经历一个快速发展的新时期。我国的迅速发展,在世界上赢得了更多的关注与尊重,我国人民和世界各国人民之间的交流也日益频繁。在这种历史背景下,普及礼仪知识,充分展现中华民族"礼仪之邦"的风采,显得尤为重要。在现实生活中,由于礼仪知识缺失以及礼仪观念淡薄,造成与他人之间交流不畅、理念冲突的报道经常见诸媒体;由于礼仪运用不当影响交往、破坏组织形象的事件时有发生。熟练掌握礼仪知识,不仅可以有效地展现当代大学生的风度和魅力,还能体现出大学生对社会的认知水准、个人学识、修养和价值观,也是现代人的处世根本,成功者的潜在资本。

大学生是一个正处在迫切想要融入社会并得到社会认可的群体,认真学习和得体应用礼仪,能够使大学生更加顺利地处理好人际关系,更快地适应社会生活。同时,加强礼仪修养,也是大学生全面发展素质教育的需要。随着时代的变迁和社会的发展,社会对人的要求越来越高,学习优秀、工作能力出众固然重要,但是距离时代要求的全面发展综合型人才还有差距,而礼仪修养是大学生全面发展的重要方面。当代大学生要提高自己的综合素质,就应该认真全面地学习校园礼仪、社交礼仪以及商务礼仪等,做一个德才兼备的优秀人才。

全书共八章,讲述了身姿认识、形体复位运动、礼仪概论、个人形象礼仪、校园礼仪、公共礼仪、社交礼仪、求职礼仪。全书为大学生量身打造,用规范的礼仪来指导大学生的言行举止,使其学礼用礼,以礼待人;让大学生在学习知识、培养沟通技能等方面全面和谐发展,增强就业竞争力。

本书由马宏燕任主编,曾捷、刘慧、王登勇、李延召、周艳芳任副主编,姚娟、朱丽、李姗、郑艳、耿悦、熊素芝、马晶晶、刘聪颖、徐芳参编。本书在编写过程中,参考了大量书籍、报刊文献和网络资料,在此谨向有关专家、教师表示衷心的感谢!

限于时间水平有限,本书编写过程中的缺陷在所难免,敬请读者指正,以臻完善。

编者
2020年1月

目录

1　第一章　认识身体，身姿体态

第一节　认识身体　/2
第二节　身姿体态　/4

7　第二章　健康形体复位运动

第一节　伸展运动　/8
第二节　头颈部运动　/8
第三节　肩部运动　/9
第四节　双臂运动　/10
第五节　腹部运动　/11
第六节　腰部运动　/11
第七节　髋部运动　/12
第八节　腿部运动　/13

15　第三章　大学生礼仪概论

第一节　礼仪的起源和演变　/16
第二节　礼仪的概念、特征及功能　/18
第三节　大学生礼仪修养　/21

25　第四章　大学生个人形象礼仪

第一节　大学生仪容礼仪　/26
第二节　大学生仪表礼仪　/33
第三节　大学生仪态礼仪　/37

49　第五章　大学生校园礼仪

第一节　课堂礼仪（课堂、自习）　/50

第二节　校园公共礼仪　/51
第三节　校园交往礼仪（师生、同学、异性交往）　/54

57　第六章　大学生公共礼仪

第一节　公共礼仪与公德　/58
第二节　大学生出行礼仪　/60
第三节　交通礼仪　/61
第四节　旅游观光礼仪　/66
第五节　酒店礼仪　/68

71　第七章　大学生社交礼仪

第一节　大学生见面礼仪　/72
第二节　联络礼仪　/78
第三节　应酬礼仪　/81
第四节　聚会礼仪　/84
第五节　就餐礼仪　/92

101　第八章　大学生求职礼仪

第一节　求职前的准备工作　/102
第二节　求职中的基本礼仪　/106
第三节　面试后的必备礼仪　/108

112　参考文献

第一章

认识身体，身姿体态

RENSHI SHENTI, SHENZI TITAI

第一节 认识身体

人体通常分五大部分(见图1-1),即头部、颈部、躯干、上肢(包括肩、臂、前臂、手)、下肢(包括臀、大腿、小腿、足)。头部和躯干是人体中的主要部分,它们本身是不能活动的,把这两部分连接在一起的是颈椎和腰椎(见图1-2)。人体(成人)全身骨骼有206块,分为颅骨、躯干骨和四肢骨三大部分,其中颅骨29块、躯干骨51块、四肢骨126块。它们分布在全身各部位,支撑着身体,保护内部器官,同时在骨骼肌的牵动下,进行各种活

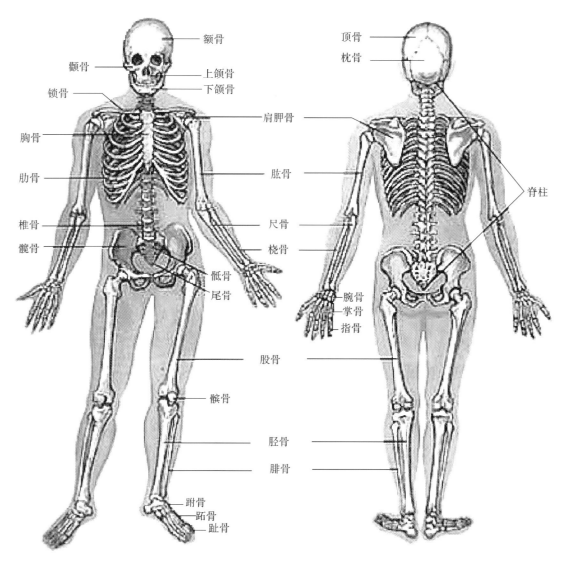

图1-1 身体结构图

动。人体全身约有 639 块肌肉(见图 1-3),约占人体重量的 40%(女性约为 35%),也是身体的主体。根据肌肉运动特点可将肌肉分为两种类型:一种是受人的意志支配的肌肉,叫随意肌;另一种是不受人的意志支配的肌肉,叫不随意肌(如运送食物入胃的肌肉)。另外还有一种是心肌,为心脏所特有。

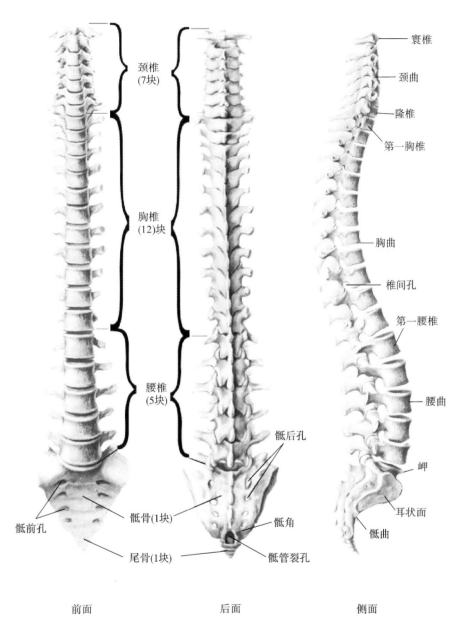

前面　　　　　　　后面　　　　　　　侧面

图 1-2　脊柱全貌

人体的运动系统最终是由肌肉的收缩、放松来实现人体各种运动的。人们的坐立行走、说话写字以及喜怒哀乐的表情,乃至进行各种各样的工作、劳动、运动等,无一不是肌肉活动的结果。由于人体各部分肌肉的功能不同,因此骨骼肌发达程度也不一样。为了维持身体直立姿势,背部、臀部、大腿前端和小腿后端的肌群特别发达。上、下肢分工不同,肌肉发达程度也有差异。上肢为了便于抓握以进行精细的劳动,因此上肢肌数量多,细小灵活。下肢起支撑和位移作用,因此下肢肌粗壮有力。

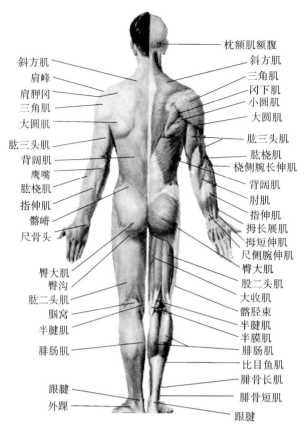

图 1-3　肌肉结构图

第二节

身姿体态

正确的身姿是健康的基础，在生活中我们却因为很多不良的体态习惯造成的不良身姿体态，严重影响了我们的健康。如图 1-4 所示为低头角度与颈椎承受压力示意图。

生活中的一些坏习惯，会让脖子前倾越来越严重，例如：低头玩手机；用电脑姿势不正确；塌腰久坐；睡觉时枕头过高等。脖子前倾不仅会让人看起来特别没精神，还会严重影响我们的健康。脖子前倾一寸，颈椎压力增加一倍，严重时会影响脑部供血，造成头晕、呕吐的现象，甚至还会导致昏迷不醒。肩颈的错位随后带来的就是扣肩、圆肩、驼背等各种不良体态，如图 1-5 所示。而当身姿出现驼背的情况，腹部的力量也弱了，慢慢就会堆积多余的脂肪，在腹部形成我们常说的"游泳圈"。

在生活中，不良坐姿会导致骨盆倾斜。比如经常跷二郎腿，会使骨盆变形，当骨盆出现倾斜时，脊柱就会出现侧弯，侧弯的程度也会随着我们跷二郎腿的习惯慢慢变得更加严重，最终导致高低肩、长短腿的不良体态。骨盆出现问题，不仅影响我们的身姿，更会影响我们的健康，上可以影响到腰椎、胸椎、颈椎、肩膀等；下可以影

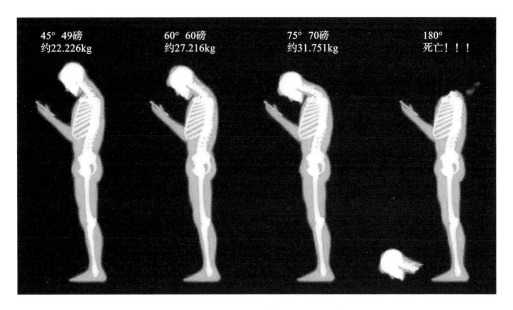

图 1-4　低头角度与颈椎承受压力示意图

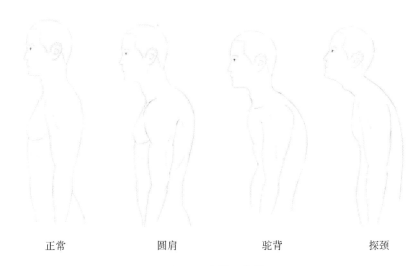

　　正常　　　　　圆肩　　　　　驼背　　　　　探颈

图 1-5　头颈示意图

响到我们的下肢；中可影响到我们盆腔的脏器，例如大肠、女性的子宫、男性的泌尿系统等。腰腿痛会导致腰椎间盘突出症、坐骨神经痛、慢性盆腔炎、慢性结肠炎等慢性疾病，这些问题可能都与骨盆有千丝万缕的关系。所以，让我们的体态更加健康，保持正确的坐姿（见图 1-6）尤为重要。

　　当然，不光是坐姿会影响骨盆，不良的站姿也会对骨盆造成较大的影响，如图 1-7 所示。生活中我们也常常看到一类人他们的肚子往前凸，腰往后伸，臀部往后翘。这是一种病态的体形，因为这样的体形往往是骨盆前倾导致的翘臀，这种人的翘臀是假翘臀，这样的假翘臀导致腰腿痛的概率很大。

　　习惯性的脚跟朝外站立的时候，我们的臀部是张开的，膝盖也是向外扩张的，腿部外侧的肌肉在发力，长此以往，当脚并拢时，膝盖不能靠拢，会形成 O 形腿。当我们脚跟并拢，但腿部发力不对时，膝盖朝外，长期下来，就会形成 X 形腿。另外，站立时一只腿承受身体全部的重量，另一只腿随意摆放着，这样的站姿被称为高低脚站姿，高低脚严重的话会造成我们的双腿长短不一，并且粗细也会略有差别。站立时，悬空的脚趾会使腿部耗费更大的力气，长期下来肌肉就会得到锻炼，腿部就会变粗，所以在站立的时候要确保我们的脚趾是紧贴地面的。

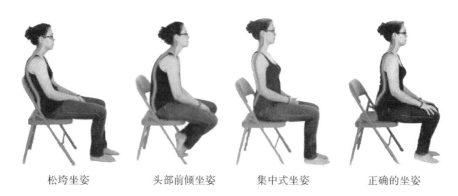

松垮坐姿　　　　头部前倾坐姿　　　　集中式坐姿　　　　正确的坐姿

图1-6　坐姿图

正确的站姿不仅可以提升气质,而且能保持脊柱和骨盆的健康,更关系着我们的腿部健康。

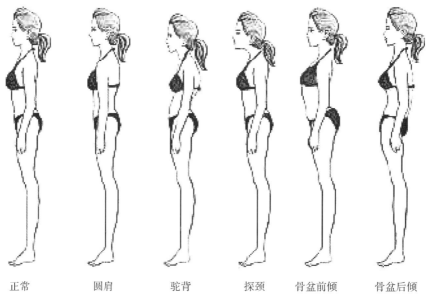

正常　　　圆肩　　　驼背　　　探颈　　　骨盆前倾　　骨盆后倾

图1-7　站姿图

第二章

健康形体复位运动
JIANKANG XINGTI FUWEI YUNDONG

人体从总体上看是一个整体,但这个整体是由头部、四肢、躯干等各部分组成的。本章共有八节,将有针对性地对身体各个部位进行健康形体复位。通过科学系统的梳理,可以延缓身体机能的衰退和肌肉的老化,预防身体各部位的疾病和克服身体部分错位的发展,使自己的身体健康,体型健美,肌肉线条修长而富有弹性,关节灵活,身体比例适度而优美。

第一节 伸展运动

在做健康形体复位运动之前必须要做身体预热拉伸,目的是舒展身体,打开各个关节,为接下来的运动热身,可以增强身体的柔软度,放松肌肉,降低运动伤害及疲劳。

伸展运动动作要领:舒展。

(1) 1～4拍双手在腹部前侧交叉向上至头顶,5～8拍双手在肩部翻转掌心朝下。

(2) 1～8拍双手在腹部前侧十指交叉掌心翻转向上,双臂伸直,尽量往耳朵后侧拉伸。

(3) 1～4拍下前腰,双手向下交叉,5～8拍吸气,起立。

(4) 1～8拍双手在腹部前侧十指交叉,俯身向下压8下,吸气起立。

第二节 头颈部运动

头颈部的运动是靠颈椎和周围的肌肉、韧带的合作来完成的。头颈部在人体结构中属于最上面的一部分。一个人在运动中,头颈部的空间位置是决定一个人精神面貌、气质风度等的重要因素。

头颈部锻炼,能促进头部的血液循环、改善头部的营养供应,消除脑部疲劳,减少面部和颈部皮肤的皱纹,消除双下巴,改善扣肩、驼背,改善肩周炎,使颈部挺直而修长。

一、头颈的正确位置

练习者在坐、立、行、走时,头要正,下颚微收,头部要有尽力向上提的感觉,使颈部向上拉伸,目光平视,面带微笑。

人体直立时,从正面看,头在整个身体的正中线;从侧面看,两肩峰要正对自己耳郭的正中线。这样就可以克服和矫正探颈、侧颈(歪脖子)、缩颈(缩脖子)等不良姿势。

二、头颈部运动动作要领

头颈部运动动作要领：平移、侧拉。

(1) 1~4拍左侧转头,5~8拍右侧转头。

(2) 1~4拍低头,5~8拍仰头。

(3) 1~4拍左斜上方45°抬下巴扭头,5~8拍右斜上方45°抬下巴扭头。

(4) 1~4拍左斜下方45°压下巴扭头,5~8拍右斜下方45°压下巴扭头。

第三节 肩部运动

肩关节是躯体和手臂进行运动的枢纽。肩部的柔韧性、灵活性同上臂的动作常常联系在一起,影响动作的舒展及幅度。正确的肩部位置是人具有端庄的仪表的要素之一。在日常生活中,人们常常因为肩部的空间位置不正确,而造成端肩、斜肩、扣肩等不良姿态。另外,常年伏案学习、工作的人,因肩部得不到适当的运动而易患肩周炎、颈椎痛等疾病,所以肩部运动非常重要。

一、肩部的正确位置

正面看,两肩保持水平,要有下沉的感觉;侧面看,两肩的肩峰正对耳郭的正中线。

二、肩部运动动作要领

肩部运动动作要领：提沉、扣展。

(1) 手指并拢,1~4拍左边单肩上提,5~8拍右边单肩上提。

(2) 手指并拢,1~4拍左边单肩后转,5~8拍右边单肩后转。

(3) 手指并拢,1~4拍左边单肩前转,5~8拍右边单肩前转。

(4) 手指并拢,1~8拍双肩后转。

(5) 手指并拢,1~8拍双肩前转。

第四节 双臂运动

手臂是人们日常生活、工作或做出各种动作以表达内心情感的重要器官。肘关节的灵活性、臂部诸肌肉群对力的有效控制和力的合理分配,是手臂能做出变化万千的动作的关键。

手臂练习动作包括手臂的摆动、环绕等。通过练习可以增强手臂的肌肉力量,提高各关节的灵活性。进行手臂锻炼时,动作应刚柔并济,自如而有活力,切忌紧张。在做动作的过程中,双肩要保持放松,手臂尽量向远处延伸。

一、手臂的正常姿态

站立时,手臂要自然下垂,手要放松;行走时,两臂要靠近身体,以肩为轴,前后自然摆动。女性手臂要内收,不可外扩。

二、双臂运动动作要领

1. 转动

(1) 双臂下垂,手腕由内向外转动8拍,2拍一转动。
(2) 双臂下垂,手腕由外向内转动8拍,2拍一转动。
(3) 双臂平直,手腕由内向外转动8拍,2拍一转动。
(4) 双臂平直,手腕由外向内转动8拍,2拍一转动。

2. 环绕

(1) 双臂下垂体侧,1~4拍由前向后转动左臂,5~8拍由前向后转动右臂。
(2) 双臂下垂体侧,1~4拍由后向前转动左臂,5~8拍由后向前转动右臂。
(3) 双臂下垂体侧,1~8拍由前向后转动双臂。
(4) 双臂下垂体侧,1~8拍由后向前转动双臂。

第五节
腹部运动

腹肌包括腹直肌、腹外斜肌、腹内斜肌和腹横肌等。这些肌肉使腹部坚实而富有弹性。如果腹部肌肉萎缩或松弛(特别是已生已育的女性),很容易使脂肪乘虚进入腹壁,造成腹部脂肪堆积。腹部脂肪堆积还会使两肋同样囤积脂肪,对人体消化器官形成压力。脂肪堆积造成的小腹凸起,会破坏体型的协调,加重腰部负担,使臀部和腿部受到严重压迫,从而导致身体各种疼痛。

通过腹部锻炼,可以防止腹部肌肉松弛,消减皮下脂肪,保持身体优美曲线,促进腹部血液循环,同时还可以对腹部和盆腔内的组织器官起到按摩作用。

一、腹部的正确姿势

腹部收紧,使腹部内收,也就是我们常说的收腹,同时向上提气,把腹部的肌肉拉直,这样有利于腰背挺直。

二、腹部锻炼动作要领

腹部锻炼动作要领:收与放。
(1) 1~8拍吸气,肚子向外扩张。
(2) 1~8拍吐气,肚子内收。
(3) 1~4拍吸气藏气,5~8拍吐气排气。

第六节
腰部运动

腰是连接人体躯干和下肢的枢纽,是身体躯干动作重要的发力点。腰背部力量的强弱和柔韧性的好坏,直接关系到正确站立姿势的形成及姿态优美的程度。腰背部力量强,立腰、立背的能力也就强。

通过腰背部的锻炼,可增强腰背部肌肉和韧带的弹性及力量,保持腰背部线条优美,防止肌肉萎缩、韧带松弛而引起的脊柱不良侧弯、椎间盘突出,防止慢性腰肌劳损等。

一、正确姿势

腰和背部都应该立直,两肩后展下沉。

二、腰部运动锻炼动作要领

腰部运动锻炼动作要领:挺腰背、拱腰背。

预备姿势:仰卧,两腿伸直并拢,两臂伸直置于体侧。

(1) 1~4拍腰和背部向上挺起,腰背肌紧张,使腰和背部离开地面,仰头,臀部和头着地,5~8拍腰背放松下落成预备姿势。

(2) 1~4拍两臂不动,髋、腰和背部向上挺起,臀、腰、背部的肌肉紧张,抬头,使臀、腰、背部离开地面,头的后上部和脚着地,使身体挺成反弓形。5~8拍放松还原。

第七节 髋部运动

髋部也称胯部,由骨盆、骨盆带肌和体积较大的肌肉群组成。特别是富有女性魅力的动态或静态生活中的造型动作,都是与髋部的灵活性及准确的空间位置相关联的。如果髋部长期处于不正确的位置,会引起腰部姿势的不正确,引发腰肌劳损。

髋部练习,除了提高髋关节的灵活性,还可以增加臀部肌肉的弹性,减少臀部脂肪堆积,提高臀位,使腿部线条修长。

一、髋部的正确位置

骨盆正,骨盆下部内收,使骨盆(髋部)口朝上,臀部肌肉稍紧。髋部的位置正确才能保证腰部姿势的正确,腰部姿势的正确,才能保证腰部肌肉不会一直都处于紧张状态,也就不容易造成腰部肌肉的劳损。

二、髋部运动动作要领

髋部运动动作要领:摆、扭、绕。

(1) 1~8拍左右摆胯。
(2) 1~8拍左右扭胯。
(3) 1~8拍绕胯。

第八节
腿部运动

从生理学角度分析，腿部包括大腿和小腿两个部分。但是在练习时，大腿和小腿都参与活动，腿部应看作一个整体。肌肉线条修长、外观结实而富有弹性的腿部形态，是构成人体优美体型的极其重要的部分。

腿部如果缺乏锻炼，容易堆积脂肪，造成上身、臀部和腿连成一片无曲线；腿部过于粗大，上下身比例就会失调，就是我们常说的梨形身材。

腿部通过运动，可使肌肉和韧带拉长，并富有弹性。还可增加关节的柔韧性、灵活性和腿部的弹跳力，减少脂肪的堆积，防止腿部肌肉萎缩老化，使小腿肚上提，腿部线条修长。

一、腿部正确姿势

脚跟并拢，脚尖微微分开，两腿挺直，中间没有缝隙。

二、腿部运动动作要领

（1）脚跟离地立。
（2）绷脚尖（开和绷）。
（3）不同方向、高度的抬腿（前面或侧面15°、45°、90°）。

第三章

大学生礼仪概论

DAXUESHENG LIYI GAILUN

学习目标：本章对礼仪的基本知识作了理论的阐述，学生要重视对这部分理论知识的学习，了解礼仪的起源及演变，理解礼仪的内涵、特征和功能，掌握大学生礼仪修养的重要性，充分掌握大学生提高礼仪修养的途径和方法。

重点、难点：重点是礼仪的概念和大学生礼仪修养的重要意义；难点是大学生认知礼仪知识的内在思想，正确客观分析社会的礼仪现象，并能在日常生活和工作中切实应用。

第一节 礼仪的起源和演变

礼仪，作为人类的一种文化，规范着人们的行为。从一个人对它掌握的程度，可以看出这个人的文明与教养的程度；从一个国家或一个民族对它的重视程度，可以看出这个国家或民族文明与进步的程度。

礼仪与人类文明相伴而生，具有悠久的历史，并且经历了不断的发展和演变。随着社会的发展与进步，人们交往的需求逐渐增加，范围不断扩大，礼仪的内容也更加丰富，构成一个复杂而庞大的系统。作为新时代大学生如何学好、用好礼仪，只有从礼仪的起源开始了解它的发展变化，才能全面正确地理解礼仪的丰富内涵，才能客观全面地分析解读当今社会现象，用所学知识灵活自如地应用到工作和生活中，为自己的职业生涯奠定一个美好的基础。

课堂讨论：举例阐述礼仪对一个人或国家的重要性。

一、礼仪的起源

早在原始社会时期就从四个方面出现了礼仪的萌芽。

第一，对神灵的敬畏。那时的人类与变幻莫测的大自然相比显得非常地稚弱，人类根本无法解释千变万化的自然现象和各类突如其来的灾害，于是认为神鬼、祖先是主宰这一切的力量。于是人们开始用一些当时最精致豪华的食具作为礼器举行祭祀，以此来表达人们对神灵、祖先的敬畏，并祈求他们的保佑。这种祭祀活动是礼仪的萌芽，因此有了"礼立于敬而源于祭"的说法，并且"礼立于敬"的原则至今没变。

第二，对家庭成员言行的规范。《通典·礼一》记载："自伏羲以来，五礼始彰；尧舜之时，五礼咸备。"从这段文字中我们可以看出，这个时候，礼仪把家庭成员的言行举止规范化了，对家庭成员之间的关系做了明确的规定。做父母的要抚养关爱幼小的尚不能独立生活的子女，当子女长大成人后，则要赡养年迈的父母，兄弟姐妹之间也要互相关爱，即父义、母慈、兄友、弟恭、子孝。

第三，人们交往沟通的需求。在最初的社会活动中，比如狩猎、耕种和部落之间的争斗，同一群体中的人要不断用眼神、点头、拉手等言行举止来示意互相之间如何配合。在日常生活中，人们不自觉地用拥抱、拍手、击掌来表达愉快的感情，用手舞足蹈表示狩猎获得食物的喜悦，人与人之间的这种相互呼应和互动逐步形成了一种习俗，这便是最初待人接物的礼节。

第四，维系等级差别的需要。随着社会的发展和变化，人们在生产和生活中的分工越来越细，产生了发号施令的领导者和听从指挥的被领导者,这样就出现了尊卑有序、男女有别的现象。每当大家席地而坐聚会活动时,就逐渐有了一定的座次,领导者坐在哪里,一般人坐在哪里,男人坐在哪里,女人坐在哪里,等等,这些都不断为礼仪发展增添了新的内容。

商朝的甲骨文中出现了"礼"字之后,礼仪典籍也随之出现。商朝礼制的出现则明确规定了社会中人们之间的关系,到周朝人们开始区分贵贱、尊卑、顺逆、贤愚等人际交往准则,逐渐产生了"吉、凶、宾、军、嘉"五种礼制,即祭祀之事为吉礼,丧葬之事为凶礼,宾客之事为宾礼,军旅之事为军礼,冠婚之事为嘉礼。由此可见,周朝礼的内容已经非常完备系统,形成了古代正式的礼仪。

二、礼仪的发展演变

早在孔子以前,已有夏礼、殷礼、周礼三代之礼,因革相沿,到周公时代的周礼已比较完善。孔子是我国历史上第一位礼仪学专家,他把"礼"作为治国安邦的基础。他主张"为国以礼""克己复礼",并积极倡导人们"约之以礼",做"文质彬彬"的君子。孟子也重视"礼",并把仁、义、礼、智作为基本道德规范,他还认为"辞让之心"和"恭敬之心"是礼的发端和核心。荀子则比孟子更重视"礼",他著有《礼论》,论证了礼的起源和社会作用,他说:"礼者,人道之极也。"把"礼"看作做人的根本目的和最高理想,把识礼与否、循礼与否作为衡量人的贤愚和高低贵贱的尺度。因而荀子强调:"人无礼则不生,事无礼则不成,国家无礼则不宁。"管仲则把"礼"看作人生的指导思想和维持国运的支柱。他说:"礼义廉耻,国之四维,四维不张,国乃灭亡。"从这些思想家的言论中,不难看出,礼仪是适应、调节人际关系的需要而产生和发展的。

我国古籍中,《周礼》《仪礼》《礼记》等是最重要的古典礼仪专著。我国古代"礼"的概念包含着丰富的内容,大体可归纳为三个层面:一是指治理奴隶制、封建制国家的典章制度;二是古代社会生活所形成的行为规范和交往仪式的礼制及待人接物之道;三是对社会成员具有约束力的道德规范(包含自身修养)。纵观我国礼仪内容和形式的演变与发展,可以看出"礼"和"德"不但是统治者权力的中心支柱,而且其在几千年的历史发展中形成了许多有广泛社会性与强大号召力的优良道德规范和人际交往的礼节仪式以及生活准则,并且已成为中华民族共同的财富,对中华民族精神素质的修养起到了极其重要的作用。

我国礼仪的发展一般分成两个部分,一为礼制,二为礼俗。礼制是国家制定的礼仪制度,礼俗是民间形成的礼仪习俗。礼制在其发展过程中不断吸收民间优良的礼俗,同时摒弃一些过时陈腐的礼俗。

三、现代礼仪的形成

清末,鸦片战争把中国长期封闭的大门打开了。中国人开始了解西方的政治、经济和文化。大批的爱国人士为寻找富国、强国之路,把西方的文化科技引入国门的同时,也把西方礼仪介绍进来。辛亥革命之后,封建王朝覆灭,中国人为摆脱封建礼制的束缚不断改革,直到新中国成立以后,中国进入一个崭新的时期,封建礼教彻底被废除,逐步形成了现代礼仪。改革开放以来,又不断地吸收国际的通用礼仪习俗,形成了现代礼仪,体现了民主、平等、简洁、高效的时代特征。

> **课堂讨论**:请举例说明"礼制"与"礼俗"的关系,解读一带一路"各美其美,美人之美,美美与共,天下大同"的含义及深远意义。

第二节 礼仪的概念、特征及功能

一、礼仪的概念

人们一般把礼仪的概念分解为礼貌、礼节和礼仪三个组成部分。

1. 礼貌

礼貌,是指人们在日常生活交往中表现出的谦虚、恭敬、友好的品质。礼貌能体现一个时代的风尚和道德规范,体现人们的文化层次、文明程度和道德水平。虽然世界各地在礼貌的表达形式上各有不同,但尊重、友爱的本质是一致的。礼貌强调人的内在品质,因此大学生在学习生活中应注意自己的修养,懂得体谅、尊重他人,主动帮助他人,在不同的场合、角色、环境下成为人群中那个备受推崇的"有礼人士"。

2. 礼节

礼节,是人与人之间在日常生活和工作中表达对别人的尊敬、问候、祝愿所用的规则和形式,属于外在的行为规范,是礼貌在语言、行为、仪态等方面的具体体现。礼节强调外在表达形式,比如握手、鞠躬、磕头等,是动作形式,问候道谢等是语言形式。各种形式的礼节使礼貌得到良好的表达。

3. 礼仪

礼仪是人们在社会交往活动中,为了相互尊重,在仪容、仪表、仪态、仪式、言谈举止等方面约定俗成的、共同认可的行为规范。礼仪是礼貌、礼节的完整统一的表现,强调律己、敬人的主旨,是对礼节、仪式的统称。

礼仪与礼貌、礼节三者之间既有联系又有区别,礼貌侧重于强调个人的道德品质,而礼节侧重于这种品质的外在表现形式。所以,礼貌和礼节多指交往过程中的个别行为。而礼仪所指的是一个比较复杂的活动中礼节的整体。实质上,礼仪是由一系列的、具体的礼节所构成的。

综上所述,礼仪就是人类社会发展到一定阶段而产生的,并且是随着社会的发展而发展的社会道德准则和全体社会成员共同认可并且自觉遵守的行为规范,以及体现这些准则和规范的各种礼法、礼节和各种仪式的综合体系。

礼仪从不同的角度可以划分为不同的类型,通常情况下我们把礼仪分成五大类,即政务礼仪、商务礼仪、服务礼仪、社交礼仪、涉外礼仪。这种分类只是相对而言,各类礼仪内容都是相互交融的,作为新时代的大学生,要学习以上所有的礼仪内容。

课堂讨论:如果一个人忽视内在的道德修养,只重视外在的礼节、礼仪,会是什么样子?

二、礼仪的特征

礼仪的本质是一个地区、一个民族、一个国家,为了维护安定和谐的生存发展环境,在纷繁复杂的人际交往中,应共同遵守的习俗与社会规范。可以说礼仪是法规、制度、公共道德在人际交往中的体现,受到社会生活的影响和经济基础的制约。春秋时期学者管仲曾言:"仓廪实而知礼节,衣食足而知荣辱。"

与其他学科相比,礼仪有其独有的特征。礼仪是在社会交往过程中人们的行为准则,人们以此来规范和约束自己的行为,协调和制约人际间的相互关系,其特征主要体现在以下五个方面。

1. 传统继承性

礼仪是一个国家或地区、民族传统文化的组成部分,是人类在长期共同生活中逐渐积累下来又不断演变到如今的,是维护正常生活秩序的经验总结。它将人们在交际应酬中的习惯固定下来,流传下去,这就是我们所说的传统继承性。在我国,现代礼仪是以传统文化为核心,并不断吸收其他民族的优秀文化,在长期的社会生活实践中逐渐发展和完善起来的。它扎根于传统文化这块沃土上,因而有着深刻的传统性。"礼仪之邦"几千年的文明史,中华民族修礼、崇礼、习礼的传统美德,深深地融入现代礼仪之中,约束和规范着现代人的行为。礼仪是将人们在长期生活及交往中的习惯、准则固定并沿袭下来,有着广泛的社会文化基础。礼仪的这种传统性是根深蒂固的。

在现代生活中,礼仪是人们约定俗成的行为规范,大都没有形成文字,它是在人们相互交往中传播、继承、相沿成习并沉淀下来的,无须刻意传播。在这个过程中,传统礼仪的那些烦琐的、保守的内容不断被摒弃,只有那些体现了人类的精神文明和社会进步,代表着中华民族传统文化本质和主流的礼仪,才得以世代相传,并被不断完善。

2. 共同性

礼仪是在人类共同生活的基础上形成的,是同一社会中全体成员相互关系的行为规范。礼仪随着社会生产、生存环境和生活形态的变化而被不断充实完善,逐渐成为社会各阶层共同遵守的行为准则。礼仪的内容大都以约定俗成的民俗习惯、特定文化为依据,集中地反映了一定范围内人们共同的文化心理和生活习惯,从而带有明显的共同性特点。礼仪又被应用于人们的社会交往之中,其范围和准则必须得到广泛的认可,才能在相当的范围内共同遵守,这也决定了礼仪的共同性特点。由于交往范围不断扩大,原先由地域和文化交流限制所造成的礼仪规范的差异逐渐被打破,许多礼仪形式被越来越多的人接受和认可,礼仪的共同性特点将会日趋明显。礼仪的共同性表明社会中的规范和准则必须得到全社会的认可,才能在全社会中通用。

3. 差异性

礼仪作为一种约定俗成的行为规范,在具体应用中还要受到时间、环境和不同的客体制约,具有很大的灵活性。同一种礼仪对不同年龄、不同性别、不同阶层的人有不同的方式,这就是礼仪的差异性特点。礼仪的差异性首先表现为民族差异性,民族礼仪多姿多彩、各具特色。各民族的习俗礼仪都凝结着本民族、本地区人民的文化情结,人们严格遵循,悉心维护,难以改变。俄罗斯有句谚语"不要把自己的规矩带到别人家",就是这个道理。比如有些国家的点头表示否定,摇头表示肯定;有些国家客人不能和女主人握手,而有的国家女主人可以主动热情地和客人拥抱、亲吻。礼仪的差异性还表现为个性差异,每个人因其地位、性格、资历等因素的不同,在运用同样的礼仪时会表现出不同的形式和特点。比如同是出席招待会,男士和女士要有不同的表现风格。

礼仪的差异性还表现在其时代变异性,它随着社会的进步而不断发展、丰富和完善。礼仪总是体现着时代要求和时代精神,因而会随着时代发展而产生差异。世界各国都很重视礼仪改革,现代礼仪发展变化的趋势是使礼仪活动更加文明、简洁和实用。大学生在学习礼仪的时候也要注重知识的积累和拓展,让自己成为人群里最耀眼的"星星"。

4. 规范性

礼仪的规范性主要是指它对具体的交际行为具有规范性和制约性。这种规范本身所反映的实质是一种被广泛认同的社会价值取向和对他人的态度。礼仪是社会生活中约定俗成的习惯和规范，礼仪对人们的各种行为规范有着广泛的约束力，但这种约束力不是强制性的。礼仪不像法律那样威严，也不像道德那样严肃，礼仪的实施无须别人的督促和监督，有人冒犯了礼仪规范，也不会受到法律的制裁。因此，礼仪的实施主要是依靠人们的自觉，自觉地利用礼仪规范来约束自己的言行举止。礼仪的这一特点，要求人们在实施礼仪的过程中，树立起一种内心的道德信念和行为修养准则，不断提高自我约束、自我克制的能力，在人际交往中自觉地遵守礼仪规范。不注重礼仪的人在社会生活中往往会处处碰壁，而自觉地注重礼仪的人，与人交往才有可能会一帆风顺，处处受人尊重。

5. 等级性

礼仪的等级性体现在对不同身份、地位的人士礼宾待遇的不同。在社会生活中，人们往往用长幼之分、男女有别来做区分。而在官方交往中，则要确定官方礼宾次序。确定官方礼宾次序的主要依据是担任公职或社会地位的高低，这种礼宾次序带有某种强制性，不同的人因此而得到不同的礼宾待遇，但这并不意味着尊卑贵贱，而是现代社会正常交往秩序的表现，反映了各级公务人员的社会身份和角色规范。礼仪的等级性在社会交往中还表现为双向对等性，即在不同地区、不同组织的交往中，双方人员在公职身份和社会地位上要相近，业务性质相似，以此来表示对对方的尊重。双方的交往还应当是一种尊重互换、情感互动的过程，在礼节上要有来有往、相互对等。这是工作需要与礼仪要求的结合统一。

三、礼仪的功能

学习礼仪的目的在于运用。人类社会沿袭至今，礼仪之所以被提倡并受到社会各界的普遍重视，主要是因为它具有多重重要的功能，既有助于个人进步，又有助于社会发展。概括地说，礼仪是表示人们不同地位的相互关系和调整、处理人们相互关系的手段。其功能主要表现在以下四个方面。

1. 维护个人形象

具备一定的礼仪知识有助于提高人们的自身修养，同时帮助人们美化自身形象、提高生活品质。在人际交往中，礼仪往往是衡量一个人文明程度的准绳。它不仅反映着一个人的交际技巧与应变能力，而且还反映着一个人的气质风度、阅历见识、道德情操以及精神风貌。因此，从这个意义上说，礼仪即教养，而有道德才能高尚，有教养才能文明。大学生系统地学习礼仪知识，在日常生活、工作中通过一个人对礼仪运用的程度，可以察知其教养高低、文明程度和道德水准。由此可见，学习礼仪、运用礼仪，有助于提高个人的修养，真正提高个人的文明程度。

个人形象是一个人仪容、仪态、言行举止、服饰、教养的综合体，而礼仪在上述方面都有自己翔实的规范，因此学习礼仪、运用礼仪，无疑将有益于人们更好、更规范地设计打造个人形象、维护个人形象，更好、更充分地展示个人的良好教养与优雅的风度，礼仪这种美化自身的功能，任何人都难以否定。当个人重视了美化自身，人人都以礼相待时，人际关系将会更和睦，生活将变得更温馨，这时，美化自身便会发展为美化生活。这也是礼仪的运用所发挥的作用。

2. 协调人际关系

在人们的社会交往中，普遍存在着矛盾性。人们由于性别、年龄、民族、经历、文化程度、从事职业以及价值观的不同，特别是利益关系的不同，矛盾是不可避免的。良好的礼仪修养有助于促进人们的社会交往，改善人际关系,具有调节人际关系的功能。一方面,礼仪作为一种规范,一种文化传统,对人们相互之间的交往起着规范、约束和及时调整的作用;另一方面,某些礼仪形式、礼仪活动可以化解矛盾、建立新的关系模式。可见礼仪在处理人际关系中,在发展健康良好的人际关系中,是有其重要作用的。

古人认为:"世事洞明皆学问,人情练达即文章。"这句话,讲的其实就是交际的重要性。一个人只要同其他人打交道,就不能不讲礼仪。运用礼仪,除了可以使个人在交际活动中充满自信、胸有成竹、处变不惊之外,还能够帮助人们规范彼此的交际活动,更好地向交往对象表达自己的尊重、敬佩、友好与善意,增进大家彼此之间的了解与信任。假如人皆如此,长此以往,必将促进社会交往的进一步发展,帮助人们更好地取得交际成功,进而造就和谐、完美的人际关系,取得事业的成功。

3. 约束公众行为

一个国家要长治久安,不仅要靠全体公民自觉地遵纪守法,更需要有高尚的道德情操和注重礼仪的社会风尚,这对公民有较高的要求。礼仪作为行为规范,对人们的社会行为具有很强的约束作用。规范的礼仪有助于净化和维护社会风气,推进社会主义精神文明建设。礼仪一经制定和推行,久而久之,便成为社会的习俗和大家共同遵守的行为规范。任何一个生活在某种礼仪习俗和规范环境中的人,都自觉或不自觉地受到该礼仪规范的约束。自觉接受礼仪约束是人"成熟"的标志;不接受礼仪约束的人,社会就会以道德和舆论的手段来对他加以约束,甚至以法律的手段来执行。一般而言,人们的教养反映其素质,而素质又体现于细节。反映个人教养的礼仪,是人类文明的标志之一。一个人、一个单位、一个国家的礼仪水准如何,往往反映着这个人、这个单位、这个国家的文明水平、整体素质和整体教养。我国正在大力推进社会主义精神文明建设,其中一项重要内容,就是要求全体社会成员讲文明、讲礼貌、讲卫生、讲秩序、讲道德,心灵美、语言美、行为美、环境美。这些内容,与礼仪的要求完全吻合。因此,可以这样说,提倡礼仪的学习、运用,与推进社会主义精神文明建设是殊途同归、相互配合、相互促进的。这种社会主义的礼治,对于我国的社会主义建设是不可或缺的。

4. 增进国际交往

自改革开放以来,我国与世界各国的交往日渐频繁,为了增强国际合作,学习各国、各民族的礼仪就显得十分必要了。当然,我们也要注重继承和弘扬中华民族的优秀礼仪传统。在对外交往中,既要向别人学习,也要展示中国人民的精神风貌,增强民族自尊心,提高我国的国际地位。

国家领导人习近平提出共建"一带一路",造福世界,造福人民,向全世界讲好中国故事,大学生作为新时代的祖国未来的建设者,更应该担当使命,学习好文化知识,拓展知识面,为祖国建设奉献自己的力量。

课堂讨论:你认为中国在国际交往中最突出的本质特点是什么?

第三节 大学生礼仪修养

一、大学生礼仪内涵

大学生礼仪是指大学生在日常人际交往、社会交往和其他活动中,用于表示尊重、亲善和友好的首选行为规范和惯用形式。这一定义包含了以下几层意思。

第一，礼仪是一种道德行为规范。规范就是规矩、章法，也就是说礼仪是对人的行为进行约束的条条框框，告诉你要怎么做，不要怎么做，如你到老师办公室办事，进门前要先敲门；帮同学领取包裹不可以私自拆开等。礼仪是一种道德行为规范，比起法律、纪律，其约束力要弱得多，违反礼仪规范，只能让别人产生厌恶，别人不能对你进行制裁，为此，礼仪的约束要靠道德修养的自律。

第二，礼仪的直接目的是表示对他人的尊重。尊重是礼仪的本质，人都有被尊重的需要，在社会交往活动过程中，尊重他人就能获得他人的尊重，由此达到人与人之间关系的和谐。

第三，礼仪的根本目的是维护社会正常的生活秩序。没有它，社会正常的生活秩序就会遭到破坏，在这方面，它和法律、纪律共同起作用，也正是因为这一目的，无论是资本主义社会还是社会主义社会，都非常重视礼仪规范建设。

第四，礼仪要求在人际交往、社会交往和国际交往活动中遵守公共秩序。超出这些范围，礼仪规范就不一定适用了。如在公共场所穿拖鞋是失礼的，而在家穿拖鞋则是正常的。

二、大学生礼仪和修养

礼仪在我们的生活中扮演着举足轻重的角色，甚至在某些不为人知的角落里起着决定成败的作用。大学生是国家将来的栋梁，其发展关系到国家将来的发展。但是如果只有专业知识，不具备一定的礼仪修养，又如何能体现现代大学生的高素质呢？孔子曰："不学礼，无以立。"几千年过去了，孔夫子的许多理论和思想仍然闪耀着光辉。大学生应该继承前人良好的精神品质，因为其所代表的不仅仅是个人形象，也代表了一代大学生的精神面貌。

礼仪和修养是密不可分的，大学生必须具备一定的礼仪修养。所谓修养，是自身的涵养和气质、知识、素质的综合体现。具备良好个人修养的人必定也能被众人认可。但是修养并非一朝一夕能够养成，需要知识的沉淀和时间的累积，知识是一辈子都要学习的，因此知识和时间一样，都是永无止境的，是不可或缺的。所以说，修养也是没有终点的。大学期间是人生中很重要也很精彩的一段时光，是养成人生观、世界观的重要时期。礼仪修养与大学生的成长密不可分，与之相辅相成，终身受益。

三、大学生如何学习礼仪

大学生是知识层次较高的群体，在其道德水准和礼仪修养方面应当提出更高的要求。一个知书不达礼，知识水准和道德水准严重不协调的学生，不可能成为优秀的人才。近年来，大学校园中与礼仪相悖的行为日益增加，许多大学生缺乏基本的礼仪常识，如不会问候、不会谦让、不会尊重师长、不遵守承诺等。诸如此类不良行为的存在已严重损害了大学生的形象，成为他们健康成长的障碍。因而高校要重视并加强大学生礼仪教育，大学生也应努力学习礼仪知识，提高自己的礼仪修养，促进自己思想水平和综合素质的提高。

1. 通过学习，使自己反躬自省

在人际交往中，礼仪不仅反映着一个人的交际技巧和能力，更反映着一个人的气质、风度和教养。通过学习礼仪，大学生可以提高自身的道德修养和文明程度，更好地显示自身的优雅风度和良好形象。试想一个彬彬有礼、言谈有致的人，他的人生道路上一定是春风拂面，受人尊重和赞扬的，而他自己就是一片春光，能给别人、给社会带来温暖和欢乐。人的自觉性不是先天就有的，而是要依靠教师的指点、依靠不断的培养，靠社会健康的舆论导向和良好的环境熏陶,礼仪教育是使礼仪修养充实完美的先决条件。

通过礼仪教育和培训,可以分清是非、明辨美丑、懂得常识、树立标准,这使人们礼仪行为的形成有了外因条件,为进一步提高自我修养的内因打下了基础。通过这一重要基础,促使大学生经过努力,不断磨炼,养成并产生强烈的自我修养的愿望,最后达到处处讲究礼仪的目的。古人强调"吾日三省吾身",说明提高个人修养必须注意反躬自省。同样,学习礼仪,也应时时处处注意自我检查。这样,将有助于大学生发现缺点,找出不足,不断总结,实现自我提高。

2. 广泛阅读,使自己博闻多识

加强文化艺术方面的修养,对提高大学生礼仪素质大有裨益。而文化艺术修养的提高可以大大丰富礼仪修养的内涵,提升礼仪品位,并使礼仪水平不断提高。

一般来说,讲文明、懂礼貌、有教养的人大多是科学文化知识丰富的人。这种人逻辑思维能力强、考虑问题周密、分析事物较为透彻、处理事件较为得当,在人际交往时能显示出独有的魅力而不显得呆板。

我国礼仪文化源远流长,古代、近代、现代的典籍载有浩繁的有关礼仪的知识。随着我国加入WTO,我国的对外交往更加频繁。世界各国的礼仪风俗千差万别,大学生有必要注意搜集、整理、学习和领会,以利于在实践中运用,久而久之,能使自己的礼仪修养提升到新的高度。

3. 自觉践行,使自己少出"洋相"

现代社会,人际交往越来越广泛,大学生仅仅从理论上弄清礼仪的含义和内容,而不在实践中运用是远远不够的,礼仪修养关键在于实践。修养,既要修炼也要培养,离开实践,修养就成为无源之水、无本之木。多实践,就不要怕出洋相,通过各种人际交往的接触强化礼仪,不断锻炼提高修养。要注意既要克服妄自尊大、不屑一顾的顽症,也要克服自卑自怯、不敢涉足的通病。其实,只要我们努力去尝试,即使做得不好,交往对象也会被我们的真诚所感动。

在培养礼仪修养时,要以主动积极的态度,坚持理论联系实际,将自己学到的礼貌、礼节知识积极地应用于社会生活实践的各个方面,要在学校、家庭、社会等场合中,时时处处自觉地从大处着眼,从小处着手,以礼仪的准则来规范自己的言谈举止。如不随地吐痰、不乱扔纸屑,不在宿舍酗酒、不深夜大声喧哗以及在购物付款、银行存款或候车排队时遵守公共秩序,等等。这样持之以恒,就会逐渐增强文明意识、培养礼貌行为,改掉粗俗不雅的习惯,成为一个有礼仪修养的人。

思考题

1. 谈谈礼仪的起源。
2. 礼仪有哪些特征和功能?
3. 谈谈对大学生礼仪内涵的理解。
4. 通过自己的所见所闻,谈谈礼仪在协调人与人之间关系中的作用。

第四章

大学生个人形象礼仪
DAXUESHENG GEREN XINGXIANG LIYI

学习目标：通过本章的学习，正确认知个人形象的定义、类型与差异，理解个人形象的价值，自觉遵守和实践大学生仪容、仪表、仪态礼仪。

重点、难点：重点掌握仪容的修饰与护理技巧，仪表的服饰礼仪规范，仪态的动作要领；难点是掌握自己的形象定位，仪态礼仪的基本动作要领及运用。

个人礼仪是指一个人在参加人际交往时用以要求自身的有关规范。个人礼仪的宗旨是要为人际交往的每一位参与者努力营造出一种尽可能完美的个人形象。人们对于一个人的评价与看法，通常与对他的第一印象直接相关。具体来看，人们对一个人的第一印象，主要来自对其仪容、仪表及仪态的综合认识与印象。

大学生是高素质人才，在人们心目中应当是语言文明、彬彬有礼、举止得当。而目前在大学校园里存在着诸多与大学生身份不相称的现象。虽然，追求个性是当代大学生的一大特点，但在追求突出个性的过程中，许多不文明、不礼貌、粗俗的行为都被当作了"新潮""时髦""潇洒"。有的大学生语言低俗，举止粗鲁，衣冠不整，行为不端；有的大学生在公共场合随地吐痰，乱扔纸屑，勾肩搭背，大声喧哗；相当一部分大学生，则缺乏最基本的礼仪常识，不会问候，不会握手，不会微笑，不会谦让等。这些不良行为的存在，不仅严重影响其自身修养还影响集体、校园风气。大学生进行礼仪教育的必要性是和谐校园的重要组成部分，大学生作为和谐校园的主要人群，对其进行礼仪教育，有助于大学生个人、群体、校园及社会的和谐。

第一节
大学生仪容礼仪

仪容主要指一个人的容貌，是身体不着装的部位，它包括发式、面容以及其他人体所有未被服饰遮掩的肌肤，例如颈部、手部等。仪容在个人形象中占首要地位。大学生仪容礼仪主要遵循整洁、自然、美观和协调四大主要原则。

大学生要学会打造良好的自我形象，善待他人的视觉展现大学生积极向上、朝气健康的精神风貌。

一、头发修饰

修饰仪容首先要打理好头发。头发位于人体制高点，虽然在色泽、软硬、粗细、疏密等方面有差别，但同一民族大体是相同的。不过头发的式样却是因人而异、多种多样，所以发式可以说是仪容中最具个性、最富变化的部分，是最能反映个人审美情趣、展现个人气质风度的标志性部分。因此，大学生对于头发的打理要格外重视。

（一）发质分类

认识自己的发质是做到正确打理的前提。不同的人有不同的发质，不同的发质适合不同的发型。以下是不同发质类型，对照自己的发质，正确判断自己所属发型类别。

1. 柔顺直发

这种发质的特点是发量适中，发丝顺直流畅，光滑而富有弹性，随意梳理都能得心应手。拥有这种发质的发式选择自由度比较大，可以不拘长短，只考虑身高因素即可。对于女生而言，身高与头发的适合长度成正比，身材高挑可以留长发，身材娇小则适合偏短的发型。

2. 天然卷发

这种发质的特点是比较柔软，漂亮的弯曲与生俱来。身材高挑的女生尽量选择偏长的发式，身材娇小的女生适合偏短的发型。在校园里，可以搭配大小适中的发夹，将前额和头顶的头发拢在脑后夹住，体现大学生青春朝气的美感，发色通常都可以保留本色，体现本色头发的健康美。男生则应避免留发太长，否则容易看起来精神萎靡，学艺术的男生也应尽量如此。男生选择过长的发式很难给人清洁干净的好印象。

3. 粗糙蓬发

这种发质一般粗硬而浓密，因为粗糙，往往会过于蓬松而难以打理。拥有这种发质的女生尽量选择偏短的发式，根据发式需要，决定是否通过产品护理使之减少蓬松度。女生如果选择长发样式，尽量扎马尾，或者梳发髻，也可以将前额和头顶的头发拢后夹住，让其余的头发蓬松起来。男生可以选择平头发式，扬长避短。

4. 细少软发

这种发质柔弱细少，不适合烫染，如果剪短发，容易贴着头皮，看起来活力不足，因此，女生最好的选择是留自然的披肩长发，为了方便，长度不宜过长，但是忌讳遮住太多面容，注意刘海的处理。

女生留长发时，在运动会、体育课等场合应扎起来，主动配合运动场、操场的动感气氛，也体现发式的实用原则。

（二）头发的护理

护发的基本要求是：头发必须经常保持健康、洁净、清爽、不蓬乱的状态，无头屑、无异味。如果有意无意地伤害头发的生长机能，不但难以获得美丽动人的秀发，还会影响到身体健康。作为大学生，我们没必要总是追求最时尚的发型，时尚的也不总是好的和美的。拥有一头健康美丽的本色秀发，符合作为学生的身份，适合我们经常出入的场合。参加面试、实习，这种自然健康的面貌，是能给我们的形象加分的。即使要染发、烫发，我们也需要造型适度，色彩自然，避免过度夸张，含蓄总是与教养紧密相连。

1. 护发之梳发护理

每天早晚，用略带尖齿的木梳梳发，尤其坚持晚上睡前梳发。由于木梳的尖齿能对头皮产生轻度刺激，传导到头皮深层，直达毛发根部，能增强头部肌细胞和毛囊的生物活性，修复受损细胞，有助于恢复毛根功能，改善血液循环，提高血流量，使毛囊和毛根获得足够的营养。

正确的梳发方法是从前额正中向后梳，再分别从前额两侧向后梳，手腕放松，用力适中，精神同时保持放松状态，尽量不做与学习和思考有关的事，保持平静与愉悦的状态。

2. 护发之按摩护理

在容易脱发的春秋季节，最好早晚做3～5分钟的头皮按摩，充分调节头发油脂分泌，有助于脱落头发的再生。同时对油性和干性头皮有调节和改善功效，并能有效地预防和减少头皮屑的产生。经常按摩头部，可以促进头部血液循环，达到养护头发的效果。

按摩方法是：双手的手指前后顺向和横向按摩头皮。顺向按摩时，双手手指从头部两侧经耳上到后脑勺；

横向按摩时,双手手指从头部前端,顺序横向至后颈部轻捏头皮。同学之间也可以互相按摩,同时还可以增进友谊。按摩护发的操作要领是手指肚要紧贴头皮,手指灵活,用力适当、均匀柔和。

3. 产品选择

护发产品按性质来分,一般可分为植物性护发产品和矿物质护发产品两大类。植物性护发产品有滋养头发的功效,特别是植物油性成分对枯黄的头发有很好的改善功能,能使头发光泽并富有弹性。对头皮屑多的人来说,用橄榄油制品作为护发养发剂效果也很好。植物营养焗油膏可修复损伤的头发,恢复头发的光泽和韧性。矿物质护发产品能使头发色泽亮丽、柔润光滑。

4. 食物护发

美丽的秀发营养来自身体的供给,健康的食品可以滋养秀发。当头发出现灰暗、发黄甚至发白时,除遗传、休息和护理不当外,还可能是不注意饮食、缺乏营养引起的。医学专家认为,人体血液中酸性物质的堆积会导致头发干枯、发黄。人的血液中有酸性和碱性两种质素,如果日常食用甜食过多,人体吸收糖分过盛,再加上学习劳累过度,或者体育锻炼过分消耗体力,血液中的酸性质素就会增加,形成酸性质素超过身体所需要的和能承受的最大限度,就会引起酸毒症。血液被酸侵蚀后,会直接影响头发摄取营养成分,由于营养不良,就会产生黄发或者花白头发和发色灰暗无光。那么如何抑制人体中形成过多的酸性质素呢?就要在日常食物中多以蛋白质含量高的肉蛋类和蔬菜、瓜果、豆类以及富含碘的海藻、海带类为主。碘对人体摄取的物质有分解代谢的作用,也是促进激素分泌的好帮手,能极大地促进血液循环,使头发得到充分的营养。

(三) 发型选择:长短适宜得体

大学生的发型打理要得体,长短要适宜。一个人选择或设计的发型必须根据个人的形象定位来确定,离开了一个人内在的品质和外在的形体条件,就很难说哪种发型好,哪种发型不好,只有适合自己个性的发型,才是最好的,也就是得体的。适合自己的发型除了与自己的发质和身高有关,最重要的是根据自身的脸形来确定,要体现三者之间的和谐美。

1. 圆形脸

圆形脸给人可爱的感觉,但在参加面试的场合容易给考官迟钝或不成熟的印象,圆形脸适合头发侧分,身材小巧的女生将头发长度控制在下巴处最为理想。个高圆脸的男生,可将侧分的头发最长保持在耳垂处。如果喜欢刘海,男女生都可在前额留打薄的刘海。

2. 方形脸

方形脸适合采用不对称发缝和翻翘刘海,或者有水平方向的斜度变化的刘海,侧重以圆柔的线条和发型外轮廓,去调和方形脸过多的直线感。方形脸的男生一般都比较帅气,但如果是平头发型,要注意头顶轮廓不能是平直的线条,如果是平头以外的发型,注意避免中分。因为过多的和纯粹的方直,不但不能增强男子气概,还会由于过犹不及让人看起来只是外强中干而已。

3. 长形脸

长形脸总是给人忧郁、老成的感觉,所以应选择偏厚重而整齐的刘海,增加两侧发量和层次,减小脸的视觉长度,应当避免将两侧头发修剪得过于短和薄。男生理想的发型是将前面刘海留得稍长,然后采用横向偏分,如此在你的前额会产生自然的横向外轮廓,从而很自然地让你的脸形显短。

4. 梨形脸

梨形脸即倒三角脸,此脸形上窄下圆,发型力求上厚下薄。发型要能修饰额头宽度,这样才不会使两颊看起来更宽大。要避免选择清汤挂面般的中分直发。

5. 心形脸

心形脸即常说的瓜子脸，此脸形比较容易选择发型，不过也要忌讳发型上部过于饱满，否则下巴会因此显得过于尖、翘，给人留下尖酸刻薄的不良印象。

6. 椭圆形脸

椭圆形脸即常说的鹅蛋脸。拥有这种脸形很幸运，大多数的发型都适合。我们为圆形脸、方形脸以及心形脸等脸形选择合适的发型，都是为了让它们看起来更像椭圆形脸。

总之，学生的发型要体现生机勃勃的学子风韵。那种用发胶之类的东西做过度造型的做法基本已被淘汰。即使迫不得已要用造型产品，也要注意选择气味清淡甚至无味的产品。自然生动的发型是我们应该追求的，因此剪发是首选，通过理发师的修剪功夫，去掉多余的头发，能使头发富有层次感。烫发应根据脸形要求，但应尽量避免；染发可根据肤色选择但要慎重，烫发、染发和戴假发这些都属于修饰美。在保持自然美和采用修饰美之间进行选择时，应根据环境场合的需要和哪种美能体现个人形象来作决定。

二、面容修饰

面容是人与人交往中认识别人、了解别人的标志性部位。为了给人以美好印象，首先要做到每天早晚认真洗脸并修饰和美化肌肤。粗糙、瑕疵过多或过早衰老的皮肤，说明缺乏护理，从某种角度反映着你的生活态度、健康程度以及和周围人的距离。因此，对面部肌肤的护养不仅是为了挽留青春、保持光鲜，更是一种礼仪的需要。

（一）面部护理

保持面部的清洁是个人日常护理中最基础，同时也是最重要的工作，其中包括牙齿的清洁和保持口腔的清新。在重要的场合或与老师、同学近距离交谈时，都要求口气无异味。餐后应清洁口腔，可以使用漱口水或者口香糖等去除气味，但在他人面前嚼口香糖是不礼貌的，特别是在上课、图书馆，或与人交谈时。

除此以外，皮肤的护理也是非常重要的。接下来我们简单了解一下皮肤的构造、类型，以及皮肤的清洁与保养等。

1. 皮肤的构造

人的皮肤由外向内分为表皮、真皮和皮下组织。表皮分为角质层、颗粒层、棘状层和基底层。表皮是真皮的保护层，能够通过自身的不断新陈代谢保持皮肤的良好状态。表皮一旦受到损伤或不洁就会导致皮下组织的疾病，严重破坏面部的整洁和美观。

2. 皮肤的类型

人的皮肤有自我保护的机制，表皮不仅能不断提高新陈代谢，而且能分泌油脂以保持皮肤的健康和光泽。因此可以分为以下几种皮肤类型。

中性皮肤：属正常皮肤，油脂分泌量适中，表皮有光泽，是比较健康的皮肤。

干性皮肤：表皮油脂分泌量少，皮肤洁白细腻，毛孔不明显，但面部无光泽，易产生皱纹。

油性皮肤：表皮油脂分泌量多，面部油亮光泽，毛孔明显，但不易起皱纹。

3. 面部清洗

使用洁面乳的方法是将适量洁面乳放在手上揉搓起泡,泡沫越细越不会刺激肌肤,让泡沫在肌肤上移动以吸取污垢,而不是用手去搓揉。从皮脂分泌较多的T区开始清洗,额头中部油脂分泌旺盛,要仔细清洗。手指不要过分用力,轻轻地由内朝外画圆圈滑动清洗。油脂分泌旺盛的鼻翼及鼻梁两侧,若洗不干净会导致脱妆及肌肤出现油光。嘴巴四周也要清洗干净。

洗脸时,水的温度不宜过高,尽量用冷水洗脸。在较冷的季节,需使用温水,以免毛孔紧闭而影响了清洗效果。冲洗时用流动水可以充分地去除泡沫,冲洗次数要适度。脸部清洗时以按摩的手法由内朝外轻柔描画圆弧状,下巴和T区也一样。因大学生青春期很容易长青春痘及粉刺,有时候也会因为水土不服出现长痘,因此我们洗脸时要注意这些容易忽略的部位,要不断由内朝外画圈,使污垢浮上表面。

清洗面部的诀窍是:不要用指尖,而是用指腹接触皮肤,使指腹仅有的面积充分接触脸颊的皮肤,以起到按摩、清洁的作用。洗脸时不要太用力,以免给肌肤带来不必要的负担,从而破坏肌肤角质层,使面部肌肤变薄出现红血丝。洁面时脖子部位、下巴底部、耳后等,也要仔细洗净。

洗脸后用毛巾擦拭脸上水分时,不可用力揉搓,以免伤害肌肤。正确使用毛巾的方法是将毛巾轻贴在脸颊上,让毛巾自然吸干水分。

4. 面部滋养

通过洗脸去除污垢后,便要补充随污垢一起流失的水分、油脂、角质层内的NMF(天然保湿因子)等物质,使肌肤恢复健康的状态,这时我们就要对肌肤进行保湿基础护理,具体如下。

首先我们要使用化妆水,它的作用是补充水分,主要补充洗脸时失去的水分,用充足的水分紧缩肌肤,使之变得柔软,其后乳液才容易渗入。使用化妆水的方法是:将化妆水倒在两片化妆棉上,使水分刚好浸透整片化妆棉。两指各夹一片浸满化妆水的化妆棉,每半边脸用一片化妆棉。首先,由脸中心朝外侧浸染,接着,浸湿易流汗的T区及鼻翼四周,然后,由下而上拍打整个面部,直到肌肤将水分全部吸收为止。容易因水分不足而干燥的眼部周围要集中护理,唇部也要补充水分,眼睛四周及唇部在白天也要记得用化妆水补充水分。

用化妆水充分补充洗脸所失去的水分后,再用乳液补足水分、油分,使肌肤保持健康的状态。乳液的使用方法是先用手掌温热脸部使毛孔张开,使乳液容易浸透且能加强润滑感。然后分别在脸上5个部位:额头、左右脸颊、鼻尖、下巴,由中央朝外、由下朝上地边画圆边涂抹均匀。轻柔地按摩眼睛四周的敏感部位,脸部都涂好后,用手掌裹住脸部,让乳液渗透入肌肤。

5. 面部特殊护理

按摩可以作为面部的特殊护理,其最大的效果是提高新陈代谢,促进血液循环,改善皮肤营养。大学生在校期间,体育课强烈的紫外线会引起肤色暗沉、肌肤干燥等有碍肌肤健康的问题,而按摩可以有效缓解这些问题。按摩的诀窍是手肘尽量伸展,手平行地朝内拉回,指尖不要太用力,手指横向移动,能防止肌肤产生皱纹。手指由下向上、自内向外轻轻触摸,以逆时针方向做螺旋状动作。整个手掌推压皮肤,对深层皮肤施压,可加速血液流动,也能收到很好的护理效果。

以上清洁、滋养和按摩三部分是面部护理的外在方法。其实,健康的好肌肤,更需要良好的作息时间、愉快的好心情、健康合理的饮食等内在的护理。

(二) 面部化妆

化妆是生活中的一门艺术,适度而得体的化妆,可以体现女性端庄、美丽、大方的好气质,适度和正确的化妆,可以达到振奋精神和尊重他人的目的。大学生校园化妆礼仪要遵循淡雅自然的原则,青春面孔本身就是一种美,化妆只是用来弥补五官的不足之处,比如修除多余的眉毛,给唇部涂上润唇膏等。切忌不合时宜的浓妆艳抹,因为肤色灰暗总是寄希望于厚重的粉底遮盖也不可取。当然,在特殊场合,如演出、节目主持等,妆容需要浓一些。

1. 化妆的基本步骤

(1) 打底。用化妆水、润肤霜或者妆前乳等均匀涂抹面部,它的作用有四个,一是保护皮肤,二是容易上妆,三是防止妆容脱落,四是容易卸妆。

(2) 上底色。准备让自己变成什么肤色就上什么底色。比如原来的肤色稍黑可以用白一点的底色,原来的肤色过于苍白可以用肉色。也可以根据场合需求、妆容需要选择底色。

(3) 粉底霜。粉底霜基本上有三种类型:粉型、脂型和乳液型,不同的肌肤可以选择不同的粉底霜。油性皮肤用粉型,干性皮肤可以选择脂型,中性皮肤可以用乳液型。粉底霜要均匀涂抹在脸上,要与皮肤融为一体,脖子上也要注意上粉底霜,否则脸改变了原色,脖子仍是原色,脸与脖子成了两种颜色就难看了。

(4) 腮红。选择适合自己妆容的腮红颜色涂在脸颊,要自然向外淡化,均匀且不能有边界感。

(5) 描眉。用眉笔画出适合自己的眉形,左右眉毛要对称、自然。

(6) 画眼。画眼有三个内容:画眼影,使眼睛突出并显得有层次;用眼线笔或眼线液画眼线,使眼睛轮廓清晰;用睫毛膏刷睫毛,使睫毛浓密有光泽。

(7) 定妆。化妆完成后要在脸上轻轻涂上一层定妆。

(8) 涂唇。最后根据自己喜好选择适合自己的唇膏进行涂抹。涂抹唇膏前可用唇线笔画出唇形,然后再进行涂抹。

2. 校园日常生活化妆原则及要领

校园日常生活化妆的化妆原则:淡雅、自然、清新。

校园日常生活化妆要在保持自然美的基础上增加修饰美,以弥补五官和肌肤缺点进行有选择性的化妆,白天最好化淡妆,不需要走完整个化妆程序。如果是大型文艺活动可以适当化浓妆,但也要自然和谐,恰当适度。无论淡妆、浓妆都要自然,天天化妆,日日涂粉底,是课堂不需要的,也不利于肌肤健康,天长日久容易令肌肤暗哑无光。

化妆要在出门前化好,不能当着别人的面化妆,手包中要常备化妆品,时刻注意自己的形象,如果发现需要补妆时,应到洗手间或者单独的女士休息室补妆。

大学生要对自己的面容特点、化妆的重点和化妆品的特点了解清楚。选择适合自己肤色气质的化妆品化妆,易突出优点,弥补缺点。这样在化妆的时候就会流畅自如,重点突出,妆容自然。

3. 化妆技巧

(1) 上粉底技巧

选择颜色与你肤色相接近的粉底,而不是越白越好。有些人化了妆却看不出已化过妆,而有些人只是涂了一点粉底就好像是浓妆艳抹过似的。其原因就是出在粉底色度的使用上。上粉底时取半粒蚕豆大小的用量,根据皮肤情况,可适度调节,像擦乳液那样涂在脸上,再小心地、仔细地进行拍打,尤其是眼睛、鼻子、嘴的周围,不能马虎。

(2) 眼部化妆技巧

眉:画眉之前先去掉多余的眉毛,然后将眉毛分为三等份,分别是眉头、眉峰、眉尾。眉头色最淡,轮廓最柔和；眉峰色稍浓，轮廓最清晰，弧度要自然；眉尾轮廓要自然，色较眉头浓、较眉峰淡。有较大弧度的眉形能使人显得聪明精干，适合面试时的妆容。弧度柔和的眉形能使整个脸显得更柔和、可爱。不管是显得富有活力也好，还是显得柔和也好，画眉最后都要再用眉刷轻轻刷一下，这样可以显得更自然。如果很难掌握浓淡程度，可以使用与眉毛颜色接近的眉粉沿眉形进行扫画，最后用眉笔强调一下眉峰的轮廓和眉色。

眼："眼睛是灵魂之窗""眼睛比嘴还会说话"，这些说的都是眼睛在表达感情时的重要性，所以化眼妆时要特别用心。眼睛的化妆主要分为涂眼影、画眼线、刷睫毛三部分。涂眼影时最少得使用三种同系列的颜色才能显得自然，以越接近眼睛颜色越深的方法来涂擦。眼线关系到眼睛是否显得明亮清澈，所以会化妆的人绝不会为图简单而省去这道工续。但是画好眼线需要一点技巧，比较好的办法是微闭着眼画，沿睫毛生长的位置，从眼中部分别向内眼角和外眼角方向画，越向内眼角越细。这样张开眼时，眼线的位置就恰到好处了。切忌将眼线画得太长，否则容易有眼角下垂的感觉。刷睫毛可以使眼睛显得大而有神，睫毛显得长而浓密。涂刷睫毛的时候，先要夹翘睫毛，然后将镜子放在脸部下方，视线向下，从睫毛根部以之字形开始涂刷睫毛膏。涂下面的睫毛时将镜子放在脸的上方，视线向上从睫毛根部开始涂刷睫毛膏。

(3) 腮红涂刷技巧

腮红涂得好，能使眼部和唇部的妆容连成一体，妆容不会显得支离破碎，而且可以在视觉上弥补气色的不足，显得活力健康。腮红的使用原则是宁淡勿浓，稍微有红润的感觉就可以了。腮红的颜色选择不一定是红色或粉红色，那些接近白色的粉红色和米黄色对涂刷的技巧要求更低，效果会更自然。

(4) 唇部上妆技巧

先以唇线笔描出唇型，使唇膏不致晕开。涂上唇膏，再轻轻抿匀后扑上蜜粉，再上一次唇膏，最后以眼影刷蘸上和唇膏颜色类似的腮红或眼影粉涂刷，不但能让唇妆持久，而且能制造粉质感的唇部彩妆效果，最后涂上定唇液，使唇部不易脱妆。

(三) 眼耳口鼻颈

1. 眼部的修饰

眼睛的保洁主要是及时清理眼部的分泌物，带着分泌物与别人交往是非常失礼的行为，因此在与人会面前一定要检查一下眼睛。另外，要注重休息，缓解眼睛疲劳，预防眼病的发生。在强烈的阳光下或风沙大的情况下，可以佩戴防护性的眼镜。眼镜、墨镜都是为了美观、舒适、安全和方便，但不能过于时尚夸张，应选择适合自己的佩戴。在室内、公共场合都不适宜佩戴墨镜，避免给人留下拒人于千里之外的不良印象。

2. 耳部的修饰

耳部除垢与耳毛的修剪是平时个人卫生清洁的一个重要组成部分，应定期清理和修剪。不得当着他人掏耳朵。在学校及工作岗位上佩戴耳饰时，宜简洁，不可选择过多、过大的耳饰。

3. 口腔的修饰

口腔最重要的是无异味。要想保持一个良好的个人形象，要坚持每日餐后漱口。尽量避免在会客或重大活动时吃有异味的食物，如葱、蒜、韭菜、海鲜等。一旦发现自己有口腔异味，应及时使用漱口水或喷剂清除异味，以保证口腔气息的清新。值得注意的是，在公众场合应尽量避免打嗝、打哈欠、打喷嚏等，实在避免不了应离席处理或用手帕或者纸巾掩饰，否则很不礼貌。

4. 鼻的保洁

修剪过长的鼻毛，随时清除鼻涕，不然谈话时影响发音，会让别人听起来不舒服。

5. 颈部的保洁

颈部要在洗脸的时候清洗,同时注意养护,因为颈部皮肤比面部皮肤松弛,容易过早显出老态。

第二节 大学生仪表礼仪

仪表是指人的外表,这里主要指人的着装和配饰。它能表现出一个人对自己、对他人以至对学习、工作和生活的态度。大学生标准的仪表应该是:整洁、大方、朴素、得体。

一、仪表TPO原则

T、P、O 分别是英语 Time、Place、Occasion 三个单词的首字母。"T"指时间,泛指早晚、季节、时代等;"P"代表地方、场所、身份;"O"代表目的、目标、对象。穿着打扮必须考虑是什么季节、什么特定的时间,比如说学习或工作时间、娱乐时间、社交时间等;还必须考虑到要去的目的地、场合。TPO原则是目前国际上公认的衣着标准。

(一)时间原则

在不同的时代、不同的季节,应穿不同的服装,每个人都应该使自己的着装和时代同频,选择服装过分落伍或过分标新立异,都会令人侧目,拉开你和周围的人及社会间的距离。服装有季节性,在深秋时节穿一件无袖轻薄的纱裙,很难给人留下美好的印象,而且秋冬季过分裸露肌肤对我们的身体也会带来不舒适感。服装还有时间性,一般有日装、晚装之分。作为学生,日装就是白天上课的着装,以简洁的休闲装为首选。关键是要整洁,搭配和谐,体现学生风貌。正式晚装一般都是参加大型活动礼服。

(二)场合原则

不同的环境,不同的场合,着装要有所不同。校园着装要简朴,即简约、质朴,不是简单粗糙或者随意。面试或上班时不能过于艳丽、裸露,着端庄大方的西服或时尚的职业装比较适合。上街不可穿家居服、睡衣睡裤。探亲访友着装应大方,去医院探望病人时着装应沉稳,郊游或运动时着装应轻松。晚会或舞会则可穿着鲜艳、华丽和新颖考究的服饰。

(三)地点原则

所谓的地点有"大"地点与"小"地点之分。大地点要求考虑所去的国家、地区的地理环境和温度气候、文化背景、风俗人情等,在服饰上要入乡随俗。小地点则指当天所处的小环境特点,是办公室还是野外郊游,是寂静肃然的讲座会场还是商场。根据这些特点,服饰选择和搭配要有针对性。

总之,得体的穿着,能真正体现出大学生的修养。何谓穿着得体,就是要遵循TPO原则,同时能够适合自己的外形特征、个性、生活方式等,穿出属于自己的风格。

二、服饰

一个人的形象,除了前面谈到的仪表妆容之外,还有一个很重要的内容,就是服饰。服饰包括服装与饰品。

1. 服装的功能

现代服装除了具有御寒、防晒和遮羞这些基本功能外,还有一系列功能,成为人类与自然状态的动物发生根本区别的一种标志,是一种内容丰富的人类文化。

(1) 人类生活的基本需要,生活水平的主要标志,人类的"第一礼节"。人类生存最基本的物质基础可以概括为衣、食、住、行,事实确实如此。想要了解一个人或一家人的生活水平和生活质量,只要打开他的衣柜,就一目了然。

(2) 自我欣赏,自我满足,自我提升。古人云:"士为知己者死,女为悦己者容""人靠衣服,马靠鞍",不仅说明服装可以给人增添光彩,而且可以作用于人的内心,使人精神焕发,增强人的自信、自尊,人与服装相得益彰。

(3) 展示个性,推销自己。一个人的着装就是一张鲜活的"名片",突显了此人的文化水平、品格修养、精神风貌、审美情趣、经济状况、职业形象等。在社会交往中,这种展示能尽快让对方全面了解自己,以便"销售"自己。大学生在求职面试的时候,这种展示至关重要,能让用人单位留下深刻而美好的印象,为自己的成功应聘奠定坚实的基础。

(4) 融入社会,实现自我。社会存在各种不同的职业,还存在各种不同的阶层,每个阶层的圈子都有自己服装的特殊之处,穿着不得当就进不了某个相应的圈子。这看来是表面的差别,实质上是个人与环境的不协调,个人与岗位的不适应。

2. 肤色与服饰选择

亚洲人的皮肤大都呈黄色。经常看到有许多女孩儿穿着的衣服虽然很漂亮,但总给人一种不搭的印象,这是因为衣服色彩选择不适合,影响了她整体的美感。在日常生活中,需要我们多学习一些搭配技巧,学会正确选择服饰色彩,使着装符合TPO礼仪规范的同时,具有审美修养,体现良好的礼仪形象。

了解自己着装的色彩范围,就能够穿出独特与品味。早在20世纪80年代的美国,卡罗尔·杰克逊女士经过多年研究,通过人们穿衣常用的色彩将人分为了"春""夏""秋""冬"4种类型。

(1) 春意型人的特征。皮肤细腻透明,呈象牙色;眼珠偏黄,眼白呈松石色;头发黄而柔软。春意型人穿着的基础色彩是浅驼色、暖米色、中明度咖啡色、橙色、金棕色。

(2) 夏意型人的特征。皮肤细腻,呈冷米色、健康色;眼珠呈黑色或深棕色;头发棕黑而柔软。夏意型人穿着的基础色彩是灰色、蓝色、粉紫色、银灰色、酒红色、烟灰色。

(3) 秋意型人的特征。皮肤呈深象牙色,偏黄,明度低;眼珠呈深棕色;头发深黑色。秋意型人穿着的基础色彩是深棕色、驼色、咖啡色、芥末黄色。

(4) 冬意型人的特征。皮肤呈褐色或明度偏低的土褐色;眼珠黑色,眼神锋利;头发粗、黑、浓。冬意型人穿着的基础色彩是黑色、大红色、深紫色、白色、浅咖啡色。

拥有麦色肌肤的女性会给人健康活泼的感觉,黑白色强烈的对比与麦色肌肤非常搭,深蓝、炭灰等颜色沉稳的色调,以及桃红、深红、翠绿这些鲜艳的色彩最能突出开朗的性格。拥有麦色肌肤的人宜穿深蓝色的衣服,显得沉静、稳重。

找一张白纸,对着镜子把它放在你的脸颊旁边。如果和白纸对比皮肤呈粉色,那么你拥有冷色系皮肤,属于夏意型或冬意型的人;如果和白纸对比皮肤呈黄色或橄榄色,那么你拥有暖色系皮肤,属于春意型或秋意型的人。

3. 气质性格与服装风格

(1) 夸张风格。

夸张风格是所有人都可以打扮的前卫面貌,无论何种骨架和体型。夸张风格适合性格外向,有高挑修长的身形,鲜明的个人色彩,棱角分明的五官以及某种程度上不落俗套的人。作为学生,不提倡此种着装风格。虽然夸张是艺术作品常用的表现手法,但即使是艺术类学生,也不提倡过度地从着装去标榜自己的个性。

(2) 优雅风格。

优雅风格是每个人根据场合需要必须具备的一种保守面貌,适合性格内向,追求完美的人。优雅风格往往适用于有着中等身高,匀称的五官,比例匀称的体型以及相当稳重的生活态度的人。优雅风格的服装没有过分的花哨,简约而不简单,整洁协调,不追求新、奇、怪,是符合学生面貌的着装,配合丰富的学识,有教养的举止谈吐,能体现青春学子的优雅。

(3) 浪漫风格。

浪漫风格的服装重视色彩鲜艳,重视穿着者身体移动时的氛围和美感,强调饰带、花边、花结等细节装饰,突出女性化特征,强调妩媚、温柔或者奢华、性感。浪漫风格适合性格温顺,情感丰富、细腻的人。大学生在接受浪漫风格服装时,没必要追求其奢华和性感的一面。

(4) 自然风格。

自然风格的服装偏向休闲面貌,穿着舒适方便,面料柔软适中,色彩清新爽朗,比较适合性格温顺的人。但在庄重的校园仪式上或职业场合,不能穿着太过随便。喜欢自然风格,可以选择介于休闲与正式之间的服装类型,比如休闲西服、小西服。女生可选择设计简洁的深色平底皮鞋,这样可以搭配深色长袜、小西服或衬衫。

作为大学生,上课时,有校服的学校校服是首选。校服可以使我们容易有来自自身的约束力,比如遵纪守法、讲文明、懂礼貌等。校服还可以起到内在的约束作用,以及象征的作用,对我们起到一种潜移默化的培养作用。校服还可以产生一种平等感,使我们容易合作、团结、相互尊重。

三、饰物佩戴礼仪

大学生对饰物的佩戴不是必需的,但还是要明白关于饰物佩戴的相关礼仪规范,因为个人形象礼仪离不开饰物佩戴礼仪。饰品有配饰和首饰两类。大学生在校园中常用的配饰主要有眼镜、帽子、围巾、手套、手表等。

(一) 戴帽子的礼仪

(1) 该戴正的不能戴歪,该偏后的不要偏前,不要给人衣冠不整的印象。

(2) 在庄重场合,如参加重要集会、升国旗时,应该脱帽,即使是冬季的防寒帽。在悲伤场合,如参加追悼会、向遗体告别时,也应该一律脱帽。

(3) 在观看电影戏剧时,为了不遮住后排观众的视线,无论男生女生,都应自觉脱帽。

(二) 围巾的选择和佩戴

围巾佩戴基本没有礼仪规范,所有场合都可以佩戴,只需要注意严肃场合的严肃着装,避免佩戴休闲款围巾和花色围巾。参加校园活动着校服时,围巾色彩和款式要和校服协调。

(1) 棉质和毛质类围巾有强烈的冬天的感觉,适合搭配比较宽大厚实的外套。男生可选择一些稳重的颜色,如深蓝、土黄等,此外,方格图案也是不错的选择。

(2) 丝质类围巾。如果丝巾本身带有图案,适合搭配单色上衣;如果丝巾本身为单色,那就可以搭配带图案的上衣。

(三) 手套的选择和搭配

在西方的传统服饰中,手套曾经是必不可少的配饰。现在,手套除了御寒以外,还可以保持手部的洁净和防止太阳的暴晒,进屋以后一般要立即摘下手套。但与人握手时,不论何时,都要摘掉手套,女生着礼服所佩戴的手套,握手时可不摘下。

(四) 手表的选择和搭配

大学生佩戴手表,通常意味着时间观念强,生活作风严谨。

在与求职的正装搭配时,手表的风格在造型搭配上要庄重,避免怪异、新潮。一般正圆形、正方形、长方形、椭圆形和菱形手表适用范围广,也适合在正式场合佩戴,而那些花哨、新奇的手表则适合假日旅游时佩戴。手表用黑色的表带最理想,求职时,除数字、商标、厂名、品牌外,手表没有必要出现其他无意义的图案。

要注意在和别人交谈时,不要有意无意地看表。否则对方会认为你对交谈心不在焉,不耐烦,想结束谈话。

(五) 眼镜的选择与搭配

选择眼镜最重要的一条原则是:镜片朝下巴方向所占空间越大,脸就会显得越短,镜片或镜框越窄,眼镜戴得越高,脸的下半部分就会显得越长。鼻子短小者宜佩戴亮色的鼻托,且镜框要紧贴于额部,较宽较紧的鼻托都会使鼻子显短。

(1) 圆形脸适合佩戴棱角较分明的眼镜。

(2) 长形脸适合带有宽边的鼻托和镜框及深色镜腿的眼镜,会减小脸形视觉长度。

(3) 瓜子脸最好是选择镜框呈椭圆形的、线条较分明的眼镜。

(4) 方形脸适合佩戴镜框呈圆形的或椭圆形的眼镜,会使脸部的轮廓线显得柔和。

(5) 椭圆形脸基本适合各种造型的眼镜,主要考虑肤色与眼镜的搭配即可。

需要注意的是,佩戴墨镜者到室内或者与人交谈时应该取下墨镜,否则会显得很不礼貌。

(六) 项链的选择与佩戴

作为大学生,正确表达个人的审美情趣,是佩戴项链的意义。佩戴项链要考虑与脸形、脖子、服装的和谐,其中,脸形与项链的关系最密切。脖子粗短适合细长的项链或带有挂件的项链;脖子细长适合佩戴颈链、项圈或短粗型项链。柔软、飘逸的服装适合佩戴精致、小巧的项链,色彩要么与服装相近么对比突出。

(1) 圆形脸适合长一点或带坠子的项链。

(2) 方形脸适合简单的项链。

(3) 三角形脸适合V形项链。

(4) 倒三角形脸慎用带尖利形挂件的项链。

除这些常见的饰物外,社会上还流行佩戴鼻环、脐环、指环、脚戒指等。它们多是标榜前卫、张扬个性的选择,在学习或参加实习工作等严肃的场合不要佩戴。

第三节 大学生仪态礼仪

仪态,指人的姿势、举止和动作。仪态应当力求美化。

注重仪态的美化有四个标准:一是仪态文明,要求仪态要显得有修养,讲礼貌,不应在异性和他人面前有粗鲁的动作和行为;二是仪态自然,要求仪态既要庄重,又要大方,不要虚张声势,装腔作势;三是仪态美观,这是高层次的要求,它要求仪态要优雅脱俗,美观耐看,能给人留下美好的印象;四是仪态敬人,要力求避免失敬于人的仪态,要通过良好的仪态来体现敬人之意。

大学生应该注重仪态的学习,养成良好的举止习惯,要让自己的仪态真实地表达内心的美好,展现大学生应有的素质和风采。

一、基本体姿仪态

古人云:"站如松、坐如钟、行如风、卧如弓。"可见基本体姿仪态主要表现在站、坐、行、卧等方面。通常呈现在公众面前的主要是站姿、坐姿和走姿几个方面,在这三大类体姿的基础上,还可以衍生出许多其他体姿,不同体姿具有不同含义,相同的体姿在不同场合也会具有不同含义。大学生要在日常学习、生活、工作中养成和保持良好的基本体姿,规范与自然结合运用,分寸得当,给人以良好的体态形象。

(一)站姿——挺直如松

日常生活或社交场合中受欢迎的人往往都具备正确的站立姿态,正确挺拔的站姿是我们工作和生活中正式或非正式场合里第一个引人注视的姿势。优美、典雅的站姿能衬托出美好的气质和风度,站姿的形象要点是挺直、舒展。

1. 规范站姿

规范站姿的基本要领:头正、肩平、臂垂、腰挺、腿直。具体来说,就是头要放正,两眼平视,精神饱满;开肩放平,直颈收颔;两臂放松下垂,手指自然弯曲。女生两手也可在体前交叉,一般是右手放在左手上,肘部应略向外开,男生在必要时可单手或双手背于背后;挺胸立腰,收腹收臀;两腿要直,膝盖放松,大腿肌肉收紧上提,重心落于前脚掌。男生站立时,双腿可以微微张开,但不能超过肩宽;女生站立时,宜两膝并拢,脚后跟靠紧,脚可成V字形或T字形。

2. 应当避免的姿态

(1) 两腿交叉站立(给人以不严肃的感觉)。

(2) 双手或单手叉腰(这种站法往往含有进犯之意,异性面前叉腰,则有侵犯之意)。

(3) 双臂交叉抱于胸前(会有消极、防御、抗议之嫌)。

(4) 双手插入衣袋或裤袋中(会有不严肃,拘谨小气的感觉;实在有必要时,可单手插入前裤袋)。

(5) 站立时身体不时抖动或晃动(给人漫不经心或没有教养的感觉)。

(6) 弯腰驼背、腹部外凸(有损形体美感)。

3. 实践中的具体运用

大学生参加学校的学生活动或校外的专业实践活动时,一般会担任活动的接待员、促销员、导购员、导游员等,有些同学还能担任礼仪小姐、车模等对礼仪规范要求较高的工作。担任不同工作时,除了要保持以上的基本仪态外,还要根据不同的具体要求和实际情况,做相应的调整。

(1) 一般工作站姿。工作过程中,在遵守基本站姿的基础上,男性与女性通常根据各自不同的性别特点,可以各有一些局部的变化,主要表现在手位与脚位使用的不同。

男性在站立时,要力求表现阳刚之美。站立时,可以将一只手握住另一只手的外侧面,叠放于腹前,或者相握于身后。双脚可以叉开,双脚叉开后两脚间距不要超过肩宽。同时,还要注意,在郑重地向客人致意的时候,必须脚跟并拢,双手叠放于腹前。女性在站立时,要力求表现阴柔之美,在遵守基本站姿的基础上,可将双手虎口相交叠放于腹前。

在服务于人时,不论是男性还是女性,站立时,一定要注意用自己的正面面对服务对象,切不可将自己的背部和臀部对着对方。

(2) 待客站姿。待客时要注意手脚肌肉适当地放松,不必始终保持高度紧张的状态;可以在以一条腿为重心的同时,将另外一条腿向外侧稍稍伸出一些,使双脚呈叉开状。重心交替转换,双手可以放于身后;双膝伸直,不能出现弯曲;脊背要伸直,在肩背自然放松时,脊柱要保持直立。工作中这样做,既不失仪态美,又可以减缓疲劳。

(3) 服务站姿。在为客人服务时,头部正面要微微侧向客人,保持微笑,手臂可以持物,也可以自然下垂。手臂垂放时,应当从肩部至中指呈现出一条自然流畅的垂线。

(4) 迎宾站姿。迎宾时对站姿要求是规范、标准,即采用基本站姿,双手相叠于腹前丹田处,表示对客人的尊重。宾客经过时,迎宾人员要面带微笑,并向客人行鞠躬礼或欠身礼。

(5) 展示物品站姿。站立展示物品时的目的是突出物品的形象,如手持小件物品展示时,一般要将物品置于客人面前,与客人的视线平行,方便客人观赏。对于像汽车等大件物品,车模等服务人员要尽量做到与物品融为一体,靠近物品,站在物品的侧面或前面,站立的姿势也可根据物品的风格和气质做相应调整。

(二) 走姿——从容稳直

走姿是站姿的延续动作,是展示人的动态美的极好手段。无论是在工作生活中,还是在公共场合中,走路都是有目共睹的肢体语言,往往最能展现一个人的风度、风采和韵味,有良好走姿的人,会更显青春活力。优美的走姿有助于塑造体态美,会使身体各部分都散发出迷人的魅力。走姿要做到从容、平稳、轻盈,直线行进。

1. 规范走姿

规范走姿的基本要领:头正、肩平、腰挺、步位直、步幅适当、步速平稳、摆幅适中、脚步轻盈、动作协调。具体就是上体保持标准站姿;脚尖略开,脚跟先着地,重心慢慢前移至前脚掌,使身体前移,步位向前,直线行进;跨步均匀,两脚间距约一脚到一脚半;步伐稳健自然、有节奏感;手臂垂直放松,上臂带动前臂,肘关节略屈,以肩关节为轴,向前直线摆动,前臂不要向上甩动,手臂与身体的夹角一般在 $10°\sim15°$,外开不超过 $30°$;适当用力,脚步轻盈,特别是在教室和图书馆,更应放轻脚步,不能发出过大的声响,以免影响其他同学学习。

上下楼梯时,上体要直、脚步要轻、重心要稳,一般不要手扶栏杆。

2. 应避免的姿势

(1) 双手插入裤袋(让人觉得拘谨、小气)。

(2) 双手反背于背后(给人以傲慢、呆板的感觉)。

(3) 身体随意晃动摇摆(给人轻佻、浮夸、缺少教养的印象)。

(4) 步子太大或太小(太大不雅观,太小不大方)。

(5) 脚呈"内八字"或"外八字"。

3. 实践中的具体运用

(1) 一般工作走姿。工作中,除了基本走姿的要求,还可以根据自身着装和工作性质,让走姿传递个性信息,比如礼仪小姐在着旗袍行进时,除了身体协调、姿势优美、步伐从容等基本要求外,还要展现出妩媚和典雅,可以富有节奏地轻轻摇摆裙边,让身形在走动中更显婀娜多姿。

(2) 陪同引领的走姿。陪同是指陪伴客人一同行进。引领,则是指在行进之中为客人引路。在接待服务工作中,经常会陪同或引导服务对象。陪同引领的走姿应注意以下四点。

第一,方位正确。若双方并排行进时,服务人员应居于左侧。若双方单行行进时,则服务人员应居于左前方约1米的位置,采用手掌五指并拢、掌心向上的方式为其指引方向。当服务对象不熟悉行进方向时,一般不应请其先行,同时也不应让其走外侧。

第二,速度协调。在陪同引领服务对象时,服务人员行进的速度要与对方相协调,切勿我行我素,将客人抛之于后。

第三,提醒及时。陪同引领时,要处处以服务对象为中心。每当经过转角、楼梯、道路坎坷、照明欠佳或有障碍之处时须提醒对方留意,并帮助其通过。绝不能沉默无语,让对方不知所措。

第四,体位适当。陪同引领客人时,根据情况有必要采取一些特殊的体位。比如请对方开始行进时,应伸手指明方向,面向对方,稍许欠身。在行进中与对方交谈或答复其提问时,应将头部和上身正面转向对方。

(3) 上下楼梯的走姿。在对客人进行服务中,如遇上下楼梯,要注意以下四点。

第一,注意专用楼梯的使用。有些服务单位为方便客人,往往规定服务人员不得与客人走同一个楼梯,也不能占用残疾人专用楼梯。如有此规定,且没有进行引导陪同服务时,服务人员必须遵守。在搬运货物时,更要特别注意,避免让货物碰撞客人,堵塞道路。

第二,注意礼让服务对象。上下楼梯时,千万不要同服务对象抢行。在平路行进时,出于礼貌,可请对方先行。当自己陪同引导客人上下楼梯时,则应先行在前引导。

第三,坚持靠右走原则。上下楼梯时,均不要并排行走,而应当靠右侧上下,为有急事的人留出左侧,便于超越。

第四,减少楼梯上的停留时间。楼梯多是人来人往之处,所以不要停留在楼梯上休息、交谈或是慢慢悠悠地行进,这样会带来楼梯堵塞。

(4) 进出电梯的走姿。在高层的教学楼里学习,或者作为服务人员在高楼大厦里面工作时,免不了要使用电梯。在使用电梯时,应注意以下几个问题。

第一,遵守"先出后进"的原则。乘电梯时,要让里面的人出来之后,外面的人才能进去。不然,一旦顺序乱了,就会出现混乱场面。

第二,尊重周围的乘客。进出电梯时,大都要侧身而行,避免碰撞、踩踏他人。进入电梯后,应尽量站在里边,若人多时,最好面向内侧,或与他人侧身相向。需在大楼中段出电梯,先要做好准备,提前换到电梯门口。

第三,照顾好服务对象。在乘电梯时遇见客人,即使并不相识,也要以礼相待,请对方先进先出。若是负责陪同引导对方时,则还要注意:乘坐无人值守操作电梯时,服务人员须自己先进后出,以便控制电梯。乘坐有人操作的电梯时,则服务人员应当后进后出。

(5) 出入房门的姿势。学生在进入教师办公室,参加招聘面试,或勤工俭学成为服务人员时,常常会需要进入或离开某一特定的房间,出入房门时要注意以下细节。

第一,要先通报。在出入房门时,尤其是在进入房门前,一定要采取叩门(一般以中指轻叩三下)或按铃的方式,向房内之人通报。

第二,要以手开关房门。出入房门时,当身体走过房门后,务必要用手来开门或关门。在开关房门时,用肘部顶、用臀部撞、用膝盖拱、用脚跟蹬、用脚尖踢等都是不良做法。

第三,要面向他人。出入房门时,特别是在出入一个较小的房间,而房内有客人时,最好是反手关门与开门,始终面向服务对象,而不是把背部朝向对方。

第四,后入后出。与他人一起先后出入房门时,为了表示自己的礼貌,一般应当请对方先进门、先出门而自己后进门、后出门。但若是陪同引领客人第一次进入房间,服务人员可以先进入房间,必要时介绍房内的设备使用情况。

第五,主动为客人拉门。在陪同引导客人时,服务人员还有义务在出入房门时为服务对象拉门。

(三) 坐姿——文雅端庄

坐姿是一种相对静态的姿势,动态的美能扣人心弦,静态的美也能令人心动。坐姿文雅、端庄、大方,不仅给人以沉着、稳重、冷静的感觉,而且也是展现自己气质与风范的重要形式。

1. 规范坐姿的基本要领

(1) 入座。入座要注意顺序、讲究方位(左进左出)、落座无声、入座得法。注意入座顺序,先请他人入座,这是待人以礼的表现;并在适当之处就座,要注意座位的尊卑并且主动将上座相让与他人;从座位左侧就座,条件若允许,就座时最好从座椅的左侧接近它,这样既礼貌,也易于就座;落座无声,就座时,要减慢速度,放松动作,尽量不要坐得座椅乱响、噪声扰人;入座得法,特别是女生着裙装时,要整理好衣裙再入座,为使自己坐得舒适,可在坐下之后调整一下坐姿或整理一下衣服。

(2) 基本坐姿。基本坐姿要求人体重心垂直向下,腰部挺直,上身正直,手自然放于双膝。男生双膝可微微分开,女生入座后双膝必须靠拢,脚跟也靠紧。下面介绍几种常见的坐姿。

第一,正襟危坐式。适用于正规的场合。基本要求:上身与大腿、大腿与小腿,都应当形成直角,小腿垂直于地面。双膝、双脚包括两脚的跟部,都要完全并拢。

第二,垂腿开膝式。多为男士所用,较正规。基本要求:上身与大腿、大腿与小腿皆为直角,小腿垂直于地面。双膝分开,但不得超过肩宽。

第三,双腿斜放式。适于穿裙子的女生在较低处就座所用。基本要求:双腿首先并拢,然后双脚向左或向右侧斜放,一般使斜放后的腿部与地面呈 45°角。

第四,双脚交叉式。女生的基本坐姿,它适用于各种场合。基本要求:双膝先要并拢,然后双脚在踝部交叉。需要注意的是,交叉后的双脚可以内收,也可以斜放,但不宜向前方远远地伸出去。

第五,腿位交叉式。腿位交叉式坐姿又称双腿叠放式坐姿,即一腿放在另一腿上,两小腿并拢平行侧放,这种坐姿适用于女生。

第六,前伸后屈式。女生适用的一种优美的坐姿。基本要求:大腿并紧之后,向前伸出一条腿,并将另一条腿屈后,两脚脚掌着地,双脚前后要保持在同一条直线上。

(3) 离座。离座要先有表示、注意先后、起身缓慢、站好再走、从左离开。先有表示是指离开座椅时,身旁如有人在座,须以语言或动作向其先示意,随后方可站起身来,若突然起身,会令人受到惊扰;注意先后是指若要与他人同时离座,须注意起身的先后次序,地位低于对方时,应稍后离座,地位高于对方时,则可首先离座,双方身份相似时,可同时起身离座;起身缓慢是指起身离座时,最好动作轻缓,避免弄响座椅,或将椅垫、椅罩弄得掉在地上;站好再走是指重心要找稳后再迈出脚步;从左离开是指起身后,宜从左侧离去。

2. 应当避免的坐姿

(1) 上体不直,左右晃动(显得没教养)。

(2) 猛坐猛起,弄得座椅乱响(显得粗鲁)。

(3) "4"字形叠腿,并用双手扣腿,晃脚尖(会使人觉得你傲慢无礼、目中无人)。

(4) 双腿分开,伸得老远(不雅观)。

(5) 把脚藏在座椅下或勾住椅腿(显得小气,欠大方)。

(6) 将腿抬到桌椅上(太过随意,无礼高傲)。

(7) 双手置于膝上或椅腿上(容易被人解读为示意结束)。

(8) 脚尖指向他人(非常失礼)。

(9) 脱鞋、脱袜或以手触摸脚部。

3. 实践中的具体运用

大学生在和尊敬的人交谈时,可采用基本坐姿,切忌满座且跷着腿,要传达出内心的景仰和谦恭。在工作中,作为服务人员必须首先明确两点:一是自己被允许坐下时,才可以入座;二是在入座后,尤其是在客人面前坐下时,务必自觉地采用正确的基本坐姿。入座有礼,坐姿正确,离座规范。在工作中,切忌将双手抱在腿上,这样会显得过于惬意、放松;不要将手夹在腿间,这样显得紧张、胆怯或害羞;腿部不要抖动摇晃,这会令他人心烦意乱,而且也会给人以极不稳重的印象。要特别注意,若在迎宾或庆典活动中身着旗袍,最好不坐,若不得不坐时,要切记勿使旗袍后片拖地,袍身过度褶皱。

(四) 蹲姿——大方得体

在日常生活中,人们对于掉在地上的东西,一般是弯腰拾起,但在公众场合中,特别是着裙装的女生,直接弯腰拾东西是不雅观的,这时要采用蹲姿,要做到大方得体、典雅优美。

1. 规范蹲姿的基本要领

脊椎正直,缓缓下蹲,控制重心,臀部向下,两腿靠紧。

2. 常见蹲姿

(1) 高低式蹲姿。下蹲时,一脚在前,另一脚稍后(不重叠),两腿靠紧向下蹲;前脚全脚着地,小腿基本垂直于地面,后脚脚跟提起,脚掌着地;后膝低于前膝,后膝内侧靠于前腿内侧,形成前膝高后膝低的姿态,臀部向下;身体重心基本落在膝盖较低的腿上。女性应靠紧两腿,男性则可适度地将其分开。

(2) 交叉式蹲姿。下蹲时,一脚在前,另一脚在后,居后的小腿垂直于地面,全脚着地,后腿在后与前腿交叉重叠,后膝由后面伸向前侧,后脚跟抬起,脚掌着地,两腿前后靠紧,合力支撑身体。臀部向下,上身稍前倾。

3. 实践中的具体运用

在生活和工作中,使用蹲姿的时候较少,但遇到以下几种情况,要特别注意合理运用下蹲的姿势。

(1) 整理工作器具和环境。在需要对自己的工作器具和工作环境进行收拾、清理时,可采取基本蹲姿或高低式蹲姿,一定要注意控制重心。

(2) 给予客人帮助。需要以蹲姿帮助客人时,可以蹲下,尽量用正面或侧面面对客人。

(3) 为客人提供服务。比如当客人座处较低,若以站姿为其服务,会显得既不文明、又不方便,还会让人觉得高高在上,失敬于人。

(4) 捡拾地面物品。在服务中捡拾地面物品时,通常可以采用高低式蹲姿或交叉式蹲姿。女性服务员要注意在捡拾地面物品的同时,避免走光。下蹲时,若内衣暴露在外则非常不雅。

二、表情与仪态

表情是内心情感在面部的表现,是人际交往中,相互交流的重要形式之一。传递信息的总效果即感情的表达＝7%的书面语言＋38%的音调＋55%的面部表情。这个公式清楚地传达了表情在人际间感情沟通中的重要性。

人的面部表情的丰富程度因人而异,有人能做出成百上千种表情,有人却表情呆板。表情丰富的人,常常与人沟通顺畅,而表情呆滞的人,常常不知他究竟在想什么。正确的表情语言可以帮助你更好地与人沟通,错误的表情语言会让你语不达意。

人的面部表情主要集中在四个方面:眉语、眼神、唇型语、微笑。

(一) 眉语

人们常说"眉目传情",我们的眉毛长什么形状、做什么动作都能反映出内心所思所想。眉毛粗直的人,一般直爽坚毅,眉毛细弯的人,一般温柔细致;眉头紧锁、愁眉不展、眉飞色舞、扬眉吐气等都能表达出人的思想状态。在公开场合,一定要保持眉毛整洁柔顺和自然舒展,避免习惯性的皱眉。

(二) 眼神

眼神一向被认为是人类最明确的情感表现和交际信号,在面部表情中占据主导地位。泰戈尔曾说:"一旦学会了眼睛的语言,表情的变化将是无穷无尽的。""一身精神,具乎两目",眼睛常被人们称为心灵的窗户,眼睛具有反映深层心理的特殊功能,心灵深处的秘密会通过眼神不经意地流露出来。一双炯炯有神的眼睛,会让人感觉精力充沛;眼神呆滞麻木,则会使人感觉疲惫厌倦。据专家们研究,眼神实质上是指瞳孔的变化行为。瞳孔是受中枢神经控制的,真实地反映着大脑正在进行的一切活动。瞳孔放大,传递正面信息(如爱、喜欢、兴奋、愉快);瞳孔缩小,则传递负面信息(如消沉、戒备、厌烦、愤怒)。人的喜怒哀乐、爱憎好恶等情绪的发生和变化,都能从眼睛中显示出来。

眼神与谈话之间有一种同步效应,它忠实地显示着说话的真正含义。在人们交流时,眼神的交流总处于最重要的地位。交流的起点是眼神的交流;交流的过程中,要不断地应用自己的眼神表达自己的意愿、情感,还要适当观察对方的眼神;交流结束时,要以眼神示意。与人交谈,要敢于并善于同别人进行目光接触,这既是一种礼貌,又能维持一种联系,使谈话在频频交接的目光中持续不断。

同时,更重要的是眼睛能帮你说话。恋人们常常用眼神传递爱慕之情,特别是初恋的青年男女,使用眼神的频率一般超过有声语言。在不同场合与不同情况下,人会运用不同的眼神,表达不同的想法。比如你参加的演讲比赛即将开始时,你用目光扫视全场,那是表示"我要开始了,请大家注意"。交谈时,瞪大双眼,表示吃惊;目光紧盯,表示疑惑。有的人习惯于低着头看地板或盯着对方的脚,要不就"顾左右而言他",这很不利于交流。

人们常常更相信眼睛,谈话中不愿进行目光接触者,往往叫人觉得你在企图掩饰什么或心中隐藏着什么事;眼神闪烁不定则显得精神上不稳定或性格上不诚实;如果几乎不看对方,那是怯懦和缺乏自信心的表现,这些都会妨碍交谈。

人的眼睛表现力极强,且个性突出,表达感情非常丰富和微妙,很难用一种模式来规定,但在交往中,仍要注意以下几点,以免产生误解。

1. 把握适当的注视时间

交谈中,不能老盯着对方。英国人体语言学家莫里斯说:"眼对眼的凝视只发生于强烈的爱或恨之时,因为大多数人在一般场合中都不习惯于被人直视。"长时间的凝视有一种蔑视和威慑的功能,有经验的警察、法官常常利用这种手段来迫使罪犯坦白。因此,在一般社交场合不宜使用凝视。

研究表明,交谈时,目光接触对方脸部的时间宜占全部谈话时间的30%~60%,超过60%,会显得很不礼貌,可被认为对对方本人比对谈话内容更感兴趣,别有所图;少于30%,则会显得对谈话内容和对对方都不怎么感兴趣,不够重视,一般情况下都是失礼的行为。但是,有些场合也可适当调整,特别像集会中的独白式发言,如演讲、报告、发布新闻、产品宣传等,因为在这些场合讲话者与听众的空间距离大,必须持续不断地将目光投向听众,或平视、或扫视、或点视、或虚视,才能和听众建立持续不断的联系,以收到更好的效果。

2. 使用正确的注视位置

若因公事注视,眼神应放于额头与两眼之间,感觉严肃认真,有诚意;若是社交注视,眼神放于两眼到唇之间的倒三角区,感觉舒适柔和,有礼貌;若是亲密注视,眼神放于双眼或双眼到胸部之间的区域,感觉真挚亲密,有感情。

3. 学会用眼神表达尊敬与友好

仰视上级和尊者,平视同学和朋友,俯视下级和后辈。一般都应采用仰视和平视,表示出尊敬和礼貌。目光要闪烁光芒,略带微笑显示出喜悦、热情友好的心情。

4. 正式场合克服不良眼神

在正式场合与人交谈时要避免上下反复打量对方;不要盯住某个部位猛看;不要频繁眨眼放电;不要左顾右盼、东张西望。

(三)唇形语

不同的唇形,会表达出不同的语言,如生气时,噘嘴翘嘴;惋惜时,张唇叹气;高兴时,嘴角上扬;鄙视时,嘴角下垂;紧张时,双唇紧闭等。大学生要正确使用唇形语,在公共场合不要随意吹口哨。

(四)微笑

微笑,就是微微的笑,是从内心散发出来的真诚的笑,不是傻笑,更不是大笑。有时微笑是对一个人最好的肯定与鼓励。微笑不单单是一种表情,也是真诚、友善、和谐等美好感情的表达。面对不同场合和不同情况,如果能用微笑来接纳对方,可以反映出自身良好的修养、待人的真诚,是处理好人际关系的一种重要手段。国际友人称周恩来总理为"微笑外交官";在北京奥运会上,微笑的礼仪小姐将中国人民的热情好客传递到了世界各地人民的心中。

微笑的功能是巨大的,但要笑得恰到好处,应避免皮笑肉不笑。微笑要真正发自内心,自然、大方、亲切,要用眉毛、眼睛、嘴巴等方面协调一致、共同完成。为了防止僵硬死板、虚情假意、笑不由衷,还要进行适当的练习,可对着镜子,对着同学,常练习,不断调整。微笑的基本做法:先要放松自己的面部肌肉,然后使自己的嘴角微微向上翘起,让嘴唇略呈弧形,在不牵动鼻子、不发出笑声的前提下,轻轻一笑。在问候、致意和与人交谈时,嘴张得过大或过小,都不行,一般要露出上排 6~8 颗牙齿。

还有所谓的"二号微笑",就是"笑不露齿、不出声",让人感到脸上挂着笑意即可。保持"二号微笑",让人感觉心情轻松,又比较愉快。总的来说,笑要因人而异,重要的是要找到适合自己的真心微笑。

常言道"笑一笑,十年少",微笑不仅是促进交流的良方,还是促进身心健康的良药。保持愉悦的心情,脸上时时展现笑容,不仅给别人带来快乐,也让自己开朗乐观、身心健康。大学生要学会常常微笑,避免愁眉苦脸、无精打采,用自己的微笑来团结同学,快乐生活。

总的来讲,与人打交道时表情神态应当表现出谦恭、友好和真诚,让人感到舒适、热情而温暖。很多工作是需要与人打交道的,特别是服务性行业,难免要与服务对象进行目光交流,此时,要特别注意注视对方。依照服务礼仪的规定,注视对方面部时,一般要以注视对方的眼睛或眼睛到下巴之间的三角区域为好,表示全神贯注并洗耳恭听。在问候对方、听取诉说、征求意见、强调要点、表示诚意、与人道别时,皆可采用这样的注视方式。但要注意时间不宜过久,否则双方都会比较尴尬。

当与服务对象相距较远时,一般应以对方的全身为注视点。此外,在服务工作中,有时也会因为实际需要,而对服务对象身体的某一部位多加注视。例如在递接物品时,应适当注视一下对方手部。需要特别注意的是,工作中如果没有任何理由,而去注视打量服务对方的头顶、胸部、腹部、臀部或大腿,都是失礼的表现。另外,要牢记微笑的魅力,为服务对象创造出一种令人轻松舒适的氛围,同时也要表现出对服务对象的重视与照顾。

三、手势与仪态

除了有声语言和表情以外,手也是传情达意最有效的工具,主要起到表示形象、传达感情两个方面的作用。俗话说:"心有所思,手有所指。"作为仪态的重要组成部分,手势应该得到正确的使用。一般而言,手势由进行速度、活动范围和空间轨迹三个部分所构成。

(一) 工作中常用的手势

服务人员迎送、接待客人时应使用规范的手势。不同的手势,表达的含义也不同。工作中常用的手势主要有如下几种。

1. 引领或指示的手势

引领或指示的手势通常可以采用以下几种。

(1) 横摆式。手臂向外侧横向摆出,抬自腰部或齐胸的高度,指尖指向引导或指示的方向。它多适用于请人行进或为人指示方向。

(2) 直臂式。要求手臂向外侧横向摆动,指尖指向前方。与横摆式不同的是,它要将手臂抬至肩高,而非齐胸。它适用于引导方位或指示物品所在之处。

(3) 斜臂式。手臂由上向下斜伸摆动。多适用于指向某具体物品和请人就座。

(4) 曲臂式。它的做法是手臂弯曲,由体侧向体前摆动,手臂高度在胸以下。请客人进门时,可采用此方式。

以上 4 种手势,一般使用右手完成,五指自然并拢,掌心向上。另一只手臂应垂在身体一侧,或背于身后。

2. 递接物品时的手势

给一定对象递送物品时,应注意以下几点。

(1) 主动上前。若双方相距过远,递物者应当主动走近接物者,假如自己坐着的话,还应尽量在递物时起身站立为好。

(2) 方便接拿。在递物于人时,应为对方留出便于接取物品的地方,不要让其感到接物时无从下手。将带有文字的物品递交他人时,还须使之正面面向对方。

(3) 双手为宜。不方便双手并用时,要采用右手,尤其是对亚洲国家的客人。

(4) 递于手中。递给他人的物品,以直接交到对方手中为好。

(5) 尖刃向内。将带尖、带刃或其他易于伤人的物品递于他人时,切勿以尖、刃直指对方。合乎服务礼仪的做法是,将尖、刃朝向自己,或是朝向他处。

接取物品时,还要注意目视对方,而不要只顾注视物品。必要时,应当起身而立,并主动走近对方。

3. 敬茶的手势

敬茶时应用双手,右手握住杯耳,左手垫于杯底,把茶杯置于客人座位的右上方,并注意把杯耳朝向客人的右边,同时右手五指并拢,指尖朝下,做一个"请用茶"的示意。

4. 展示物品的手势

在工作中若需要将物品向他人进行展示时,要注意以下几点。

(1) 便于观看。要将被展示之物正面面对对方,举至一定的高度,停留的时间要让对方感到满足。当四周皆有观看者时,展示物品还须变换不同角度。

(2) 操作标准。展示物品时,不论是口头介绍还是动手操作,均应符合有关标准。解说时,要口齿清晰,语速舒缓。动手操作时,手法干净、利落,速度适宜,并进行必要的重复。动作自然,用力均匀,不要翘起无名指与小指,以避免造作。

(3) 手位正确。在展示物品时,手位的共同之处是使物品在身体一侧展示,不宜挡住本人头部。具体而言,一是将物品举至高于双眼之处。这一手位适于被人围观时采用。二是将物品举至双臂横伸时,自肩至肘之处,其上不过眼、下不过胸,这样的手位易给人以安定之感,便于他人看清展示之物。人的手部姿态可谓千变万化,每个手势都能传达出很多信息。我们要善于运用现代体态语言的研究成果来判读不同手势语言的真实含义。比如对方双手自然摊开,表明对方心情放松;对方如果以手支头,表示对你的谈话不是全神贯注,就是极度厌烦;如果对方用手迅速捂住嘴巴,表示他很吃惊;对方用手成"八"字托住下颌,是沉思的表现;对方用手抓头发或耳垂,是羞涩或不知所措的表现;手无目的地乱晃,说明对方很紧张,情绪不稳定;双手指尖相对,支于胸前或下巴,是自信的表现。

(二) 交谈时手势的运用

在交谈中,为了增强语言的感染力,一般会使用一定的手势,但要切记手势不宜过多,动作不宜过大。在任何情况下都不要用大拇指指自己的鼻尖,谈到自己时,可用手掌轻按自己的左胸,显得端庄大方。用手指指点他人的手势是不礼貌的,可用全手掌,手指并拢,掌心向上,表示指示和引领。一般认为,掌心向上的手势有诚恳、尊重他人的含义;掌心向下的手势意味着不够坦率、缺乏诚意等。因此,在介绍某人、为某人引路指示方向、请人做某事时,应该掌心向上,以肘关节为轴,上身稍向前倾,以示尊敬,这种手势被认为是诚恳、恭敬、有礼貌的;攥紧拳头暗示进攻和自卫,也表示愤怒;伸出手指来指点,是要引起他人的注意,但也含有教训人的意味。

课堂讨论：在不同国家和地区，由于文化习俗的不同，手势的含义也有很多差别，甚至同一手势表达的含义也不相同。讨论 OK 手势、V 形手势、跷起大拇指、举食指、伸出弯曲的食指、向上伸中指、向上伸小指的含义。

四、其他举止仪态

1. 鼓掌

鼓掌是表示欢迎、致谢、祝贺、赞许等的礼貌举止。在正式社交场合，听报告、听演讲、有重要人物出现、欣赏文艺演出等都要用热烈的掌声表示钦佩和祝贺。鼓掌的标准动作应该是用右手掌轻拍左手掌的掌心，鼓掌时不应戴手套，宜自然。鼓掌要热烈，但不能忘形，一旦忘形，鼓掌的意义就发生了质的变化，而变成了喝倒彩、鼓倒掌，有起哄之嫌，是失礼的行为。

2. 乘车

车在今天的社交活动中已经起着越来越重要的作用，一辆车的档次，往往体现着乘车者的地位和身份。但是，如果仅仅是拥有好车，却只是那么随意地出入轿车，而没有半点优雅的姿态，还是无法将人的高雅气质完全体现出来。因此，一定要注意在任何场合、任何地点上下车的动作都要保持优雅而有品位。应先将臀部入座，再将身体旋转 90°，朝向正面，女生要整理裙子，再向里移动。

3. 补妆

在大学校园里爱美之心人皆有之，有些女同学化了漂亮的妆容，如果需要补口红、粉底，应该到盥洗室或无人的地方，不宜当着他人，尤其是不宜在教室、餐桌、学生公共活动场所公开补妆。

4. 整理衣物

衣服穿久了，难免有小褶皱或沾染上灰尘，可在独自一人时清理衣服，顺手抚去灰尘或抹平褶皱。但如果衣服被污染的面积较大，则必须到盥洗室整理。如果是内衣吊带滑落，不要在公共场合就从衣服外面调整内衣。

5. 排放废气

人体的废气会寻找机会外排，无论是打嗝还是打喷嚏，甚至放屁，都应避开公众，若实在避闪不及，也应用手遮挡，背向对方，并向对方致歉。

一、礼仪实训

实训 1：站姿训练

(1) 靠墙站立时后脑、双肩、臀、小腿、脚跟等部位紧靠墙面，并由下往上逐步确认姿势要领。

(2) 女生脚跟并拢，脚尖分开不超过 45°角，两膝并拢；男生双脚分开站立与肩同宽。

(3) 立腰、收腹，使腹部肌肉有紧绷的感觉；收紧臀肌，使背部肌肉也同时紧压脊椎骨，感觉整个身体在向上延展。

(4) 挺胸，双肩放松、打开，双臂自然下垂于身体两侧。

(5) 脖子有向上延伸的感觉，双眼平视前方，脸部肌肉自然放松。

特别提示：在站姿的训练中，如果女生的双膝无法并拢，可以继续努力收紧臀肌，不断地训练会使双腿间的缝隙逐步减小,最终拥有笔直的双腿,达到满意的效果。

实训2:微笑训练

当生活像一首歌那样轻快流畅时,笑颜常开乃易事;而在一切事都不顺时仍能微笑的人,才活得有价值。请在你的生活中练习微笑,做到无论快乐或悲伤都有微笑。

特别提示:第一,情绪低落的时候鼓励自己微笑;第二,把微笑送给你曾熟视无睹的人;第三,把微笑送给那些不小心伤害过你的人;第四,把微笑送给曾经辱骂过你的人。

实训3:化妆训练

(1)组织一次"个人形象设计"展示会,让学生自己化妆,选择适合自身条件的服装。老师讲解并点评。

(2)开展以仪态美为主题的评比活动。评选出代表年级、系部、院校的礼仪形象大使。

二、思考题

1. 着装美的最高境界是外在美和内在美的和谐统一,你对这个问题如何理解?请结合社会生活实例谈谈你的看法。

2. 个人形象礼仪要求每个人都注重自己的外在形象,使每个人都在不同的时间、不同的场合展现美好适宜的自我。这种认真修饰与虚伪的刻意打扮有区别吗?请从形象礼仪角度,辨析展示真实的自我,就应该爱好什么形象就什么形象,平时什么形象就什么形象的思想。

3. 有个男生说:"有时候我觉得仪态是种很虚的东西。我是个男生,我的仪态比较自我,有的动作很不合众甚至不雅,但是我不知道要不要改。"你认为他应该改正和训练自己的仪态吗?

第五章

大学生校园礼仪
DAXUESHENG XIAOYUAN LIYI

学习目标：通过本章的学习，正确理解和掌握在大学校园中的基本礼仪，课堂、宿舍、食堂、图书馆等公共场合礼仪及师生交往和同学交往等的礼仪规范。

重点、难点：重点是掌握课堂、宿舍等公共场合的礼仪规范；师生交往的礼仪规范；同学交往的礼仪规范。难点是理解并掌握同学交往的礼仪规范，以及课堂的礼仪规范。

学校是一个既严肃又活泼，既庄严又亲切，既紧张又文明的场所，这就要求有合适的礼仪规范。礼仪的作用主要是靠人们的自觉来维持，靠社会舆论来监督的，换句话说，礼仪是以自律为特征的。但自律是通过他律逐步获得的，"不以规矩，不成方圆"，制定必要的规章制度，发展健康的舆论，形成良好的校园文化氛围，对引导学生规范自身行为，克服不良的行为习惯，逐步提高自我约束和自我克制的能力有着十分重要的作用。

学校礼仪是指学校的师生、同学之间在学校内相处时应该遵守的组织规定和约定俗成的行为准则以及礼节、仪态的总和。它主要调整同学之间、师生之间以及学校工作人员之间的关系。

第一节 课堂礼仪（课堂、自习）

一、课堂礼仪

作为一名大学生，遵守课堂纪律是最基本的礼仪。上课时，必须带好上课所需教材及资料，不能穿短裤、背心、拖鞋等进入教室。上课铃一响，学生应端坐在教室里，安静地恭候老师上课。当老师宣布上课时，全班应迅速起立，向老师问好，待老师答礼后，方可坐下。学生应准时到教室上课，如果因特殊情况不得已迟到的，应先喊"报告"，得到老师允许后，方可进入教室。如果因家事或个人身体等原因不能来上课，需按学校规定办理请假手续。

上课时，要认真听讲，集中注意力，独立思考，善于做好笔记。要姿态端正，坐有坐相，不要趴在课桌上，不要将脚伸到通道，更不能吃东西。要把手机关闭或调到震动模式，上课时不能接打电话。当老师提问时，应该先举手，待老师示意后才可站起来回答。发言时，身体要端正，态度要落落大方，声音要清晰响亮，并且应当使用普通话。其他同学发言时，要尊重对方，不能随便插话，更不能取笑同学，如果回答的内容和自己的不一致，可加以补充。

下课铃响后，如果老师还没有宣布下课，学生不要忙着收拾书本，更不要起哄，应当继续安心听讲。下课时，全体同学起立，与老师互道再见。如果教室开了灯或电风扇，下课后，应及时关掉。

要时刻注意保持教室的卫生和秩序，尊重劳动成果。不要在黑板、墙壁、课桌椅上乱写乱画，更不能在课桌椅上刻字。不要在教室里乱扔果皮、纸屑，不随地吐痰，下课时将自己制造的垃圾丢进垃圾桶。维持教室的良好学习环境，课间也不要追逐打闹，以免影响其他同学的学习和休息。

二、自习礼仪

（1）自习课也是课，学生也应该严格遵守课堂纪律。

（2）学生应按照老师的安排，完成规定的学习任务。如果需要和其他同学讨论，最好用耳语，不要影响其他同学学习。

（3）学生不得随便离开座位，更不要随便吃喝。要保持教室安静、整洁、有序的学习环境。

三、课堂其他礼仪

上课时不遵守纪律是对老师极大的不尊重，也是对其他同学极大的不尊重，每个学生上课都应遵守课堂纪律，这是基本义务，也是基本礼仪。

（1）学生上课应关闭手机、iPad等电子设备。

（2）学生着装应简朴、大方、得体。

（3）学生应认真听讲，不要随便插话，更不应该取笑他人。

（4）在机房或公共教室上课时，要讲究卫生，听从指挥，爱护教学设备。

（5）课堂不是餐厅，学生不得在课堂上吃东西。

第二节　校园公共礼仪

一、宿舍礼仪

大学宿舍是大学生在校期间共同生活的家，是展示高校校园文明成果的重要窗口，大学生大部分时间是在宿舍里度过的，所以要学会正确处理同学之间的人际关系，互相体谅、友好相处。

（1）尊重宿舍管理人员，服从管理，积极配合他们进行安全、纪律检查。

（2）自觉遵守集体的生活秩序和作息时间，按时起床、就寝、熄灯，不影响他人休息。

（3）养成良好的卫生习惯，保持宿舍内外的干净整洁。经常自觉打扫宿舍卫生，每天主动整理好自己的内务，床上用品保持干净、整洁，被褥、衣服等叠放整齐，不要让床单露出床沿，床上也不要放置其他物品。蚊帐悬挂整齐一致。其他所有生活和学习用品都要摆放整齐，合理收纳。换下的脏衣服、脏鞋袜等要及时清洗。不要乱扔果皮纸屑，不要随地吐痰，不要乱贴乱画，不要乱倒废水。

（4）严格遵守学校宿舍管理规定，严禁私安、私接电源和使用超功率灯泡、电磁炉、电饭煲、电热毯、电熨斗、微波炉等电器。严禁在宿舍炒菜做饭。用水用电要节约。

(5）如果要到其他宿舍去串门，进门后，应主动跟同学打招呼，不要随处乱坐，不要乱翻别人的东西，更不要未经允许乱用别人物品，同时自己的钱物等贵重物品要小心存放。要注意时间的把握，不要待得太久，以免影响同学的正常作息。

（6）学校原则上是不允许进入异性宿舍的，如确需进入，要按学校规定办理手续，同时要注意，必须得到该宿舍同学允许后方可进去，并且要选择好时间，不要选择在多数同学要处理生活问题的时候，更不要熄灯后过去。谈吐要文雅，逗留时间要短。

（7）如果在宿舍接待亲友或外人来访时，事先应向同宿舍的同学打招呼。进宿舍后，主动为同学做介绍。

（8）宿舍是集体生活的空间，是大家共同学习、生活的场所，同学之间要互相尊重、互相关心，但一定记住不要侵犯同学的隐私，不要干预同学的私事。要记住：不能私自翻看别人的日记，即使同学的日记本随意摆放也不能私自翻阅；不能私拆、私藏别人的信件；不能随意散布同学个人信息，更不能制造谣言、诋毁同学。

◎相关案例

李燕和张云是好朋友。李燕性格活泼开朗，张云却有些多愁善感，不过两人的友情却非常深厚，一起打饭、一起上课、一起做作业，非常要好。

有一天，李燕听到了张云床上手机一直响动，也许是觉得自己和张云关系特别好，所以李燕拿起张云手机翻看短信，看完以后，李燕才觉得自己对张云的了解太少了。原来，信息是张云妈妈发过来的，从短信中李燕才知道，张云爸爸妈妈早就离婚了，她妈妈一个人在外面打工赚钱负担张云的学习费用。同时，信息里还谈了家里的一些私事，最后还说现在经济比较紧张，希望张云能自己想点办法解决生活费。

看完短信后，李燕立即召集了寝室同学讲了张云家的困难，并且动员同学们募捐了500块钱给张云，想等到张云回来帮助她解决目前的困难。可是，张云回来看到这一切后，不仅没有感激李燕，而且大声斥责她不该看自己的手机。直爽的李燕也觉得委屈，觉得自己好心帮助她反倒落得这样的下场。最终，两人的关系越来越淡漠，一对好朋友从此形同陌路。

再好的朋友，也要尊重别人的隐私。千万不能因为好奇去打探，更不能把别人的隐私公之于众。否则，不管出于什么目的，都是不道德的。

日常生活中，同学们朝夕相处，难免会发生一些矛盾和不愉快的事情，大家应该克制自己，宽以待人，相互谅解。多从自己身上找错误，即使自己是正确的，也应心平气和地说明道理，要得理让人。

二、食堂礼仪

大学生在校期间，一日三餐基本上是在学校食堂解决的，这是一个充分体现大学生素质的重要场所，一定要注意基本礼仪规范。

到食堂用餐，要有秩序地进入餐厅，不要冲、跑、挤；要排队购买饭菜，不可插队。吃饭要讲文明，要爱惜粮食，要根据自己的食量打饭菜，不要随便剩饭剩菜。如果有吃剩的饭菜，要倒进指定的泔水桶里，不要往洗碗池、洗手池里倒。不要当着食堂工作人员的面，抱怨饭菜不好，但可以礼貌地提出意见。坐在座位上吃饭时，要坐有坐相，两脚自然并拢，双腿自然平放。骨头、鱼刺等东西，不要随地乱吐，可以放到餐具里或吐到自己准备的其他盛具里。在食堂吃饭不要大声喧哗，更不能敲饭碗。如果和师长、同学以及熟悉的人在一起吃饭，要注意礼让，先吃完离开时要说"大家慢慢吃"。用餐结束，要主动将餐具放到指定地点。

◎相关案例

小琴家里比较富裕，在食堂总是打比较贵的饭菜。即便这样，她还总是抱怨饭菜不好吃。有时候，一份菜只吃一点点就倒进垃圾桶里。值日的学生干部见状批评了她几次,可是她骄傲地说:"饭菜是我花钱买的,我倒的是我自己的钱,和你有什么关系?"

爱惜粮食是每个人起码应遵循的道德规范。小琴的做法当然不正确。应该及时纠正,否则会对以后的人生道路产生极坏的影响。

三、图书馆、阅览室礼仪

图书馆、阅览室是大学生课余时间常去的地方。在这里可以读到各种值得读的好书,可以查阅资料,使用各种工具书等。既可以增长知识,又可以提高自学能力。在这种公共的学习场所,最基本的礼仪就是保持室内的肃静,不要妨碍他人看书。

到图书馆、阅览室学习,要注意着装的整洁、规范,不要穿短裤、背心、拖鞋进入图书馆和阅览室。要依次进入,不要争先恐后,不要抢占位子,更不要自己占了位子再给别人占一个位子。如果临时离开座位,回来时发现座位上坐了别人,应该自己再找位子坐。如果留有书本仍被别人占据座位,可以礼貌地轻声协商,相互谅解。

在图书馆、阅览室里,无论做什么事情,都应轻声:走动要轻;入座起身要轻;与管理员讲话要轻;与人交流、讨论时声音要轻;翻书找资料要轻。手机也应该关闭或者调到静音模式,如确需接打电话,应轻轻走出图书馆或阅览室再接打,不能站在门口接打,以免影响他人。在室内不要窃窃私语,更不要大声喧哗、打闹。不要在图书馆、阅览室睡觉,更不能带零食去吃,要自觉讲究卫生。

要爱护图书。查阅图书目录时,注意不要把图书卡片撕坏,也不要在图书卡片上涂抹写字。凡开架书刊,要一本本地取下来看,不要同时占用多份书刊。阅读完后要把书刊放回原处,不要随意放在桌子上。要爱惜图书,不要在书上涂涂画画,更不允许撕破、挖刻书刊。如果确实需要某些资料时,可以征得管理员同意后,通过复印获取。借阅图书要按时归还,如不小心遗失应向管理员老师说明,按照规定赔偿。要爱护图书馆、阅览室里的公共财物和设备,不要在桌椅上乱刻乱画。不要随意摇动桌椅,离开时,要自觉将桌椅复归原位。

四、典礼礼仪

(一) 升国旗礼仪

国旗是一个国家的象征,升降国旗是对青少年爱国主义教育的一种方式,目的是培养学生的爱国意识和民族气节。无论中小学还是大学,都要定期举行升国旗的仪式。

举行升旗仪式时,全体师生队列整齐,面向国旗,肃立致敬。当升国旗、奏国歌时,要立正,脱帽,面对国旗行注目礼,直至升旗完毕。升旗是一项严肃、庄重的活动,仪表要规范,仪态要庄重,一定要保持安静,切忌喧哗、打闹、东张西望。升旗仪式过程中如发生意外情况,仍要保持安静。当来晚了,恰逢升国旗奏国歌时,要立即停止走路,严肃立正,等待升旗仪式完毕后,方可继续行走。唱国歌时要有激情,曲调准确,声音洪亮。升旗仪式结束,主持人宣布解散时方可走动。

(二) 典礼礼仪

学校典礼的种类很多,有开学典礼、毕业典礼、落成典礼、校庆典礼、颁奖典礼、运动会开闭幕式等,不管参加哪种典礼,都要讲究相应的典礼礼仪。

提前到达集合地点,准时有序进入会场,迅速、安静、整齐地在指定位置坐好,坐姿端正。手机一律关闭或者调到静音状态。大会开始时,保持会场安静,不要随便走动,不允许接打手机,不要做与会议无关的事情。要保持会场的清洁与干净,不能在会场吃零食,不乱扔果皮纸屑。

听领导、嘉宾或其他发言人讲话时,要聚精会神,保持肃静,不得交头接耳、窃窃私语,不得打瞌睡,更不可起哄、喝倒彩、吹口哨或提前退出会场,每一位发言完毕,都要鼓掌致谢,精彩之处也要适度鼓掌。

学生上台发言要向主席台领导和台下人员鞠躬行礼,发言结束后应道谢,上台领奖时,应面带微笑向授奖者鞠躬行礼,然后双手接捧证书或奖状、奖品,并向授奖者致谢。

会议结束后,等领导、嘉宾以及教师们先行离开后再有秩序地退场。

第三节
校园交往礼仪(师生、同学、异性交往)

一、师生交往礼仪

(一)学生进出老师办公室礼仪

办公室是老师们备课、教研和交流的工作之地。在学校进出老师的办公室是很平常的事。有时为了请教问题、送作业本或为班级其他事情常需要到老师办公室。进出老师的办公室时要注意以下问题。

1. 不要唐突造访

作为学生随便出入老师办公室是很不礼貌的行为。唐突造访,冒失进入,不但影响自己要找的老师,也会影响其他的老师。进入老师办公室必须先敲门后喊报告,征得老师同意后,方可进去。如果见到老师正在休息,没有紧急的事,不要打扰老师。

2. 不要随意翻动物品

乱翻老师的东西,是对老师的不尊重,而且非常不礼貌,是非常不道德的行为,也是影响教学的行为。因为,老师的办公桌上或抽屉里都放满了教科书、参考书、备课本、作业本、考试卷等,被翻乱后,教学工作就会受到影响。再者,老师的抽屉里有一些东西是保密的,如未启用的试卷、不公开的学生成绩表、日记本、信件、钱包等。把东西翻乱、物品丢失或试卷泄密都会造成不良的后果。

3. 不要停留太久

老师每天既要钻研教材、备课,又要批改作业、试卷,还要和其他老师交流教学经验,工作安排通常都是紧凑的、有计划的,如果我们在办公室里停留太久,就会打乱、影响老师的工作安排。因此,每个同学都要尽量减少在老师办公室中逗留的时间,更不要因一丁点儿小事、琐事而麻烦老师。

4. 不要发出声响

进办公室要保持安静,不要在办公室里大声喧哗。送作业本到老师办公室,要径直走到老师桌前,不东张西望,不畏手畏脚,轻轻地将作业本放在老师桌上。与老师交谈时,眼睛注视着老师,认真倾听老师的讲话,不随便插嘴。在老师办公室里说话要小声,出入要注意不发出声响,尽量不影响其他老师的正常工作。离开办公室时,轻轻地把门关上。

(二)尊师守礼

见老师要问好,分别时说再见;
门口楼道相遇,主动靠右避让;
进办公室报告,离开时说再见;
双手接递物品,勿翻老师东西;
虚心听取教诲,诚心接受教育;
对老师要诚实,请勿欺骗老师;
珍惜老师劳动,完成老师任务;
服从老师管理,请勿顶撞老师;
有事打扰老师,躬身站立一侧;
与老师相交谈,起立给师让座;
尊重老师人格,不要评头论足;
老师进入宿舍,起身让座相送。

二、同学交往礼仪

在学校,同学间朝夕相处,情同手足,是亲密的伙伴。珍惜同学间的友情,处理好同学关系,在自己的学习和成长过程中,甚至在整个人生旅途中都会有很大的益处。注意同学间的交往礼仪,是获得良好同学关系的基础。

(一)在同学交往中应注意的事项

1. 善于交友,不自卑自傲

同学之间交往有助于双方的进步才是有益的往来。近朱者赤,近墨者黑。要善于交友,学会选择,真诚待人。同学之间在人格上是平等的,因此彼此应相互尊重,自傲或自卑者都可能与其他同学之间人为地拉大距离,影响同学关系的正常发展。

2. 团结同学,不排斥他人

在一个班集体中学习生活总有一些关系不错的朋友,但忌长时间地只和几位关系好的同学接触,而不和其他人相处。尤其是当小群体的利益与集体利益发生矛盾时,则应以班集体利益为先,舍弃个人小集体利益。

3. 同学交往,不互相攀比

同学交往,免不了攀比,关键看比什么,是志气、信心,还是比虚荣。如果是比思想进步、学习进步,这当然好;但如果是比物质,就不可取了。

4. 谨言慎行,不说长道短

同学间相处不要在背地里说长道短,这是同学间最忌讳的事情。正确的做法是,自己不传、不说。听到别人说,要认真分析真伪,不要轻信及盲从。

5. 温文尔雅,不出口伤人

良言一句三冬暖,恶语伤人六月寒。要自觉培养尊重别人的能力,讲话应温文尔雅,讲究语言美,忌自以为是、出言不逊、恶语伤人。

6. 就事论事,不揭人短处

争论时不要翻旧账,不要对过去的事情总是耿耿于怀、揭人短处,更不能对他人进行人身攻击和侮辱性的言语攻击。

7. 合理退让,不争吵不休

在多数场合下,与人争吵并不能真正把对方说服,反而会使对方更加坚持自己的意见。在争吵时做出合理的退让,有利于化解这场争吵。

(二) 与同学交往的法则

与同学交往时,应遵循以下法则。①互相尊重;②礼貌相待;③诚实守信;④谦虚随和;⑤宽容理解;⑥团结友爱。

三、正确处理异性同学间的交往

除了有些女子学校外,其他学校一般都男女同校、同班学习,朝夕相处。为了大家相处得更好,双方都应注意礼仪。男女同学友好相处是学校一道美丽的风景线。

男女同学交往时,谈吐和举止应注意分寸,尤其是男生应该对女生特别尊重,处处体现出男子汉的心胸坦荡、气度宽宏的风格。女同学应该大方而不轻浮,谈吐文雅端庄,以体现女性的阴柔秀雅之美。

大学生由于所处的特定年龄阶段,伴随心理和生理的成熟,选择恋爱应该是一种正常的社会现象。男女同学的交往和友谊是正常的,交往一定要适度,毕竟男女有别,应把握双方关系的度,控制自己的感情,避免超越异性交往的界限,否则会让自己的情绪和心态不平衡,影响学业和身心健康。

一、案例分析

小李和小王是一对恋人。他们经常在校园的公开场合卿卿我我。后来,他们的行为越来越亲密,甚至在食堂里"你喂我一口,我喂你一口"吃饭。对此,有些同学觉得很不舒服。这虽然不是原则上的大事,但的确不应该出现在大学校园,起码它有碍观瞻。后来,随着像小李和小王这样的恋人越来越多,餐厅不得不贴出了"禁止喂饭"这样尴尬的字样。

小李和小王做得对不对?试分析大学生在公共场合应该注意哪些礼仪规范。

二、思考题

1. 上课应注意哪些礼仪规范?
2. 自习课上应遵守哪些纪律?
3. 师生应该如何交往?
4. 怎样处理好同学间的关系?
5. 大学生谈恋爱的利与弊。

第六章

大学生公共礼仪
DAXUESHENG GONGGONG LIYI

学习目标：通过本章的学习，理解掌握大学生在公共场合的礼仪规范，在外出行进、旅游观光中展示大学生良好的礼仪修养。

重点、难点：重点是掌握行进、交通、观光、入住酒店的礼仪规范；难点是正确自如地运用在实践中。

所谓公共礼仪，对大学生而言，就是其在日常生活中须遵守的基本礼仪。公共礼仪是大学生介入社会生活的一种基本工具。有"礼"即可走遍天下，无"礼"便会寸步难行。实际上，运用公共礼仪就是为大学生架设一座与别人发展友谊、增进信任、有效合作的桥梁。

第一节 公共礼仪与公德

大学生公共礼仪首先要从学习公德开始。公德是人们在社会生活中需要共同遵守的行为准则。它通过社会舆论对人类的社会生活发挥着一定的约束作用。讲究公德是讲究礼仪的重要基础，讲究礼仪则是讲究公德的具体表现。不同的阶级，有着不同的社会公德；在不同的时代里，社会公德的具体内容又有所不同。胡锦涛提出"八荣八耻"的社会主义荣辱观，概括了社会主义社会公德的基本内容。

要求大学生讲究公德，与要求其讲究礼仪一样，都是意在使之成为一名真正有教养的人、高尚的人、文明的人、有益于国家与人民的人，最重要的就是要求大学生在维护秩序、关心他人、讲究卫生、爱护环境四个方面身体力行。

一、维护秩序

维护秩序是对大学生讲究公德的首要要求。在此主要是指维护社会秩序。大学生应当努力做好下列四点。

(1) 遵纪守法。中国是一个依法治国的国家。大学生一定要自觉做到有法必依。在学校里，大学生必须严格遵守学校纪律；在组织内，大学生则必须自觉遵守组织纪律。

(2) 保护公物。每一位具有良知的社会成员，对任何公物都要倍加爱惜，自觉保护，有意或无意损坏公物都是不应该的。

(3) 礼让有序。需要与其他人同时使用公用设施或是进行某项活动时，务必注意先来后到、依次而行。

(4) 无碍于人。一是不要在公共场所大声喧哗，二是不要尾随或围观他人，三是不要与他人相距过近。在正常情况下，与亲密者相处，双方距离可小于0.5米。与常人打交道，双方距离宜在0.5～1.5米之间。在公共场所与陌生人共处时，若非环境十分拥挤，双方距离不应小于1.5米。

二、关心他人

大学生在公共场所要做到"目中有人"，应在力所能及的范围内积极而主动地关心他人。

一方面,大学生对他人的关心,既要出自真心,发自诚意,又要体现在实际行动中。另一方面,大学生对他人的关心须注意适度。倘若对他人过分地关心,有时对方非但不会领情,还会因此而不快。

关心他人主要包括下述四个方面。

(一) 照顾老人

首先要敬重老人。敬重老人,实际上就是在敬重将来的自己。其次要礼待老人。在任何情况下,大学生都要在自己的心中和实际行动上将老人置于"上位",依礼事之。再次要关照老人。大学生应当在日常生活中主动而耐心地照料老人。

(二) 尊重女性

对女性的尊重应体现在以下几方面:第一要体谅女性。不要难为女性,不要苛求女性,不要对女性求全责备。第二要平等相待。大学生在思想上、行动上都要讲究男女平等。第三要积极保护。这不仅应当体现为维护女性的正当权利和利益,而且应当体现为不对女性造成任何形式的伤害。

(三) 保护儿童

儿童是人类的明天和希望。在保护儿童方面,大学生主要应注意两点:第一要以身作则。大学生在儿童面前必须注意检点自己的言行举止,努力为儿童树立正面的榜样。第二要悉心呵护。一是要对儿童进行正面教育;二是要对儿童进行全面保护;三是要维护儿童正当的权利和利益;四是要同对儿童进行伤害的人和事做坚决斗争。

(四) 帮助病残人士

在日常的社会生活中,病人、残疾人都是最需要别人帮助与照顾的弱者。对待这些人士,大学生应做到:第一要尊重人格。病人、残疾人在人格上与其他人是完全平等的。第二要鼎力相助。对于那些急需别人帮助的病人、残疾人,一定要及时而热情地援之以手。第三要体贴入微。最为重要的是,不要在帮助对方时搞形式主义,仅仅走走过场,而是要真心实意地替对方办一些实事,能够为对方排忧解难。

三、讲究卫生

所谓卫生,指有益于常人健康生活的一种状态,是提高人们生活质量的一种必然要求。大学生讲究卫生,一定要从我做起,从身边做起,从每一件小事做起,主要包括以下三个具体方面。

(一) 个人卫生

(1) 讲究身体卫生。要养成平日勤于洗澡的习惯。

(2) 讲究仪表卫生。注意保持头部与脸部的整洁。

(3) 讲究服饰卫生。衣物应勤于换洗。

(二) 生活卫生

(1) 注意作息卫生。作息规律,对大学生而言,既有益于自身健康,又不妨碍他人。

(2) 注意饮食卫生。不吃、不喝不卫生的东西,不暴饮暴食,并且不在大庭广众下大吃大喝。

(3) 注意忌烟忌酒。大学生必须自觉地忌烟、忌酒,尤其是不要在公共场所吞云吐雾、酗酒猜拳。

(三) 环境卫生

对大学生来讲,讲究环境卫生,一是要重视环境卫生;二是要积极参与环境卫生建设;三是要保持环境卫生。具体有下述三点。①清理环境。②废物归位。③不乱吐痰。

在提及讲究公德时,不应当遗忘爱护环境这一点。大学生身为今日社会的骄子、明日世界的栋梁,必须具备一定的环境保护意识,否则同大学生的身份不相称。爱护环境应做到:节约有限资源,维护自然环境。这里讲的维护自然环境包括自觉维护生物的生命安全;不允许滥捕、滥杀动物,尤其是不允许滥捕、滥杀珍稀动物;不允许虐待动物、残害动物,或是随意殴打动物。

第二节 大学生出行礼仪

一、行路礼仪

大学生在日常学习和社会生活中,总是离不开走路。在行路时对自己要始终自律,遵守交通规则,遵守社交礼仪,严格约束个人行为,充分展示大学生良好的公共礼仪教养。

在行路时不要吃零食,不要吸烟,不要随地吐痰,不要乱扔垃圾,不要损坏公物。与恋人一起行路时,不要勾肩搭背、又搂又抱。行路时务必遵守交通规则,过马路要走人行横道、天桥或地下通道,不能翻越隔离栏,或是在马路上随意穿行。过人行横道线时不要闯红灯。遇到老弱病残有困难时,应主动上前去关心、帮助他们,热情地搀扶他们过马路,不要视而不见,甚至对其讥讽或呵斥。通过狭窄路段时,不要争先恐后,应礼让他人,尤其是老人和女性。在拥挤之处不小心碰到别人,应及时道歉。有人向自己问路时,应尽力帮助,不要不耐烦或不予理睬,更不能故意戏弄对方。向他人问路时,则事先要用尊称,事后勿忘道一声"谢谢"。

不论是并排行路还是单行行路,都要注意位次与走法。多人并排行路时,中间位次高于两侧,内侧位次高于外侧,所以,通常应该让女士、客人或尊长走在中央或者内侧。单行行路,即成一条线行进时,前方位次高于后方,以前方为上,故应让女士、客人或尊长走在前面,把选择方向的权力让给地位高的人,这是走路的一个基本规则。

上下楼梯时,应靠右侧走,并遵循以前方为上的原则,让客人及尊长走在前面,把选择前进方向的权力交给女士、客人或尊长。如果并排行进,则应把楼梯内侧让给女士、客人或尊长,因为内侧的线路距离较短,相对省力。需要注意的是,男女同行,宜女士居后,特别是女士身着短裙时。在行进中要通过大门或通道,也应该礼让女士、客人及尊长,让其先进先出。

在校园的活动,也要注意基本行路礼仪。要行走在学校的人行道上,不要践踏草坪,不要多人并排行走挡住道路,不要在路上打打闹闹,要塑造自己优雅的形象。

二、乘坐电梯礼仪

大学生乘坐电梯时,也需要遵守相应的礼仪规范。乘坐电梯,应让女士、客人、尊长先进先出。与不相识者同乘电梯,进入时要讲先来后到,出来时则应由外而内依次走出,不可争先恐后。如果电梯无人控制,则应主动上前操控,特别是在人多时,要让电梯门保持恰当的开启时间,以方便他人进出。如果电梯超员时,则应礼让女士、客人、尊长或他人,如果在进入电梯后超员的铃声响起,则应迅速地退出电梯。

乘坐电梯时,不管里面的人熟不熟悉,都应该微笑示意,轻声问好。如果电梯里人多,在自己的位置不方便按按钮,则应对靠近电梯门的人请求说:"能否请您帮我按下第×层的按钮?"并及时道上一句"谢谢"。和乘坐公交车一样,出电梯时如果人很多,要对周围的人说"对不起,我要出去",而站在门口的人为了不妨碍里面的人出去,也可以先走出电梯让出空间,以利于他人通过。

乘坐电梯时,要注意安全。电梯关门时,不要扒门,电梯人数超载时,不要强行挤入。

乘坐自动扶梯时,要依次排队站立在右边,将左边留出来给有急事、要赶着上下楼梯的人。脚不要踏在扶梯盖板上,严禁挤靠护栏或骑在扶手带上,每级台阶最好不要超过两人,切勿拥挤,以免发生危险。遇有老人、妇女、儿童时应礼让。下梯时注意抬脚。

第三节
交通礼仪

在日常生活中,大学生不论进行何种活动,往往与交通不无关系。对大学生而言,应认真掌握并遵守的基本交通礼仪,主要集中在徒步行走、乘坐汽车及地铁、乘坐火车、乘坐轮船和乘坐飞机等五方面。

一、徒步行走礼仪

(一) 遵守交规

交通规则,是国家为了确保交通的顺畅与安全,专门制定以供全体社会成员共同遵守的有关交通的章程制度。徒步行走时,大学生需要注意五点:一是走人行道,二是靠右行走,三是走过街通道,四是看红绿灯,五是服从管理。

(二) 明确方位

行走时的具体方位问题,往往与其他人同行时才会涉及。对大学生来讲,需要注意以下五点。

(1) 单行行走。当多人一同单行行走时,通常以前排为上。因此,当大学生与领导、长辈、贵宾一起单行行走时,应当自觉地随行于其后。

(2) 并排行走。当两人并排行走时,一般以内侧为上,即靠道路内侧、靠墙的位置较为尊贵。而当三人或三人以上并排行走时,则往往以中间的位置为上。

(3) 出入房门。当自己以学生、晚辈、主人的身份陪同他人一起出入房门时,通常应遵循"后入后出"的规则。

(4) 上下楼梯。上下楼梯,包括使用平面自动电梯时,大学生一定要牢记"单行右行"的规则,不要在楼梯上并行,或者居中而行,以免阻挡他人。

(5) 进出电梯。电梯内的乘客出来之后,电梯外的人方可进入。陪同他人一同乘坐升降式电梯时,若无人控制电梯,陪同者通常应当先进后出,以便操控电梯;若有人控制电梯,陪同者则应当后进后出。

(三) 礼让他人

(1) 不争抢道路。若有急事,可轻声对身前之人道一声"对不起,请让一下",然后侧身通过,并向对方道谢。

(2) 不阻塞交通。在道路狭窄之处,应当快速通过,不要逗留。

(3) 不目无弱者。徒步行走时,对于老、弱、病、残、孕,不但应当礼让,还应当在必要时主动加以照顾。

(4) 不蛮横无理。要礼待他人,保持风度。在不小心碰撞、踩踏他人后,应立即向对方致歉。得到他人的礼让、帮助后,应当道谢。

(四) 严于律己

即便是一个人独来独往,大学生在外出行走之时,亦应对自己严格要求。不要在走路时手舞足蹈,也不要一边走路一边吃东西,同时应避免与同行的人过度亲昵。同异性外出时,大学生务必对个人举止多加检点。此外,遇到事情不要围观或尾随他人。

二、乘坐汽车礼仪

(一) 位次排列

1. 乘公共汽车或地铁时的注意事项

(1) 前面座位的位次高于后面座位的位次。

(2) 面向前方的座位的位次高于背对前方的座位的位次。

(3) 位于右侧的座位的位次高于位于左侧的座位的位次。

(4) 位于内侧的座位的位次高于位于外侧的座位的位次。在一般情况下,临窗的座位因其视野最佳,故被视为车上的最佳座位。

(5) 正式的座位高于临时的座位。

2. 乘坐汽车时的注意事项

(1) 如果是吉普车,以前排副驾驶座为上座,其他的座次由尊而卑依次为后排右座和后排左座,如图6-1所示。

(2) 如果是双排座或三排座汽车,座次排列还要根据驾驶员身份的不同分为两种情况。由主人亲自驾驶时,双排五座轿车上其他四个座位的座次由尊而卑依次为:副驾驶座、后排右座、后排左座、后排中座,如图6-2

所示;三排七座汽车其他六个座位的座次,由尊而卑依次应为副驾驶座、后排右座、后排左座、后排中座、中排右座、中排左座。若只有一个人乘车,则必须坐在副驾驶座上,多人乘坐,则应推举一人在副驾驶座上就座,否则就是对主人的失敬,如图6-3所示。

（3）如果是四排座或四排座以上的中型或大型汽车,通常以距离前门的远近来确定座次,离前门越近,座次越高;而在各排座位中,则又讲究"右高左低",如图6-4所示。

若三排九座汽车有专职司机驾车时,其座次自高而低依次应为:中排右座,中排中座,中排左座,后排右座,后排中座,后排左座,前排右座,前排中座。

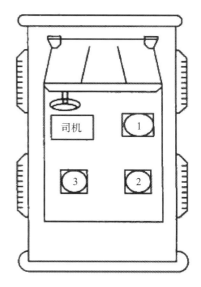

图 6-1　吉普车的位次排列示意图

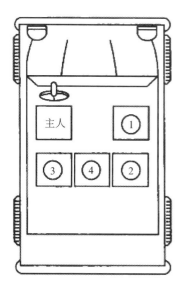

图 6-2　双排座轿车的位次排列示意图

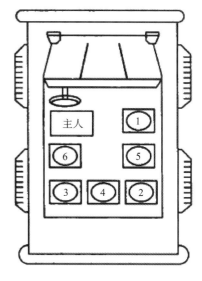

图 6-3　三排座轿车的位次排列示意图

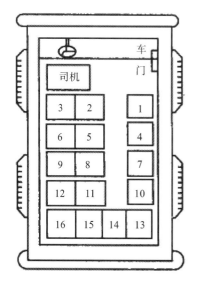

图 6-4　大中型车的位次排列示意图

（二）上下车的顺序

在乘坐公共汽车或地铁上下车时,需要注意的有关顺序的礼仪问题主要有四点。

（1）在指定处候车。

(2) 上车依次排队。老、幼、病、残、孕可优先上车。

(3) 提前准备下车。

(4) 注意先下后上。

乘坐汽车时要注意以下几点。

①后上先下。

②以方便为主。受汽车上的具体座次安排所限,不必拘泥于"后上先下",可视情况灵活变通。

③从车后绕行。需要在中排、后排左座上就座,而右座上已有他人在座时,应从车后绕行上车,而不宜在就座者身边强行通过,或从车前绕行。

(三) 注意事项

乘车时,大学生应主动让座,并注意安全。

大学生在乘车过程中应做到以下几点。

(1) 上下汽车时,一定要等待车辆停稳。在上下车的过程中,不要推挤踩踏他人。车启动之后,千万不要逞一时之勇而去扒车或者跳车。

(2) 不争抢座位,不坐特殊座位。即不坐专为老、幼、病、残、孕预留的特殊座位。

(3) 不妨碍别人。在车辆行驶期间,不要主动与司机攀谈,以免分散其注意力。与他人保持身体距离,下雨下雪时所用的雨衣、雨伞等物亦应在上车后立即收好。

(4) 不设置路障。不要乱伸腿脚,也不要在通道上乱放东西,更不要随手向窗外乱扔东西。

(5) 不在车上吃东西。

三、乘坐火车礼仪

乘坐火车,不但旅程漫长、时间较久,而且乘客甚多,彼此接触较多,因此大学生有必要掌握乘坐火车的基本礼仪,持票就座。必要时,大学生应当主动为老、幼、病、残、孕者让座,或者为其他无座的乘客腾出一些地方,请对方暂时休息一下。

与其他交通工具相比,火车上的位次尊卑问题相对而言不甚明显。但是,如下四点应当予以注意:舒适之处为上;方便之处为上;面向前方为上;临窗之处为上。

由于乘坐火车者大多是长途旅行,为了保存体力,一般而言,休息乃是人们乘车时的第一要旨。因此,乘车时应注意以下几点。

(1) 细声细语。在交谈时,应当尽量降低自己的音量。即使走动、取物、开关门,也要轻手轻脚。

(2) 与人方便。当身边的乘客显得疲倦困乏或者已经休息时,要尽量避免给对方造成干扰,应减少自己的走动。当自己在卧铺床位上就寝时,应当头部朝向通道。

(3) 举止适度、应对得体。主动找人交谈时,不要让对方感到勉强;他人找自己交谈时,一般都应当予以合作。与人交谈要注意态度、注意内容。

(4) 饮食得体。有可能的话,最好去餐车就餐。在车厢内用餐时,应速战速决,进食后注意清理垃圾。不要在车厢内吸烟。

四、乘坐轮船礼仪

大学生在乘坐轮船旅行时,既要遵守有关规定,又要对相关的礼仪规范有所了解。在正常情况下,上船或下船时,都要争取与身前身后之人保持一定的距离,并且全神贯注、确保安全、上下有序。特别要注意不能擅自中途离船上岸或下水游泳。船上的轮机舱以及桅杆、救生艇等处,均非可供人观光戏耍之处。至于没有护栏之处,则更是不宜只身前往。万一在乘船旅行途中遇上了难以预料的天灾人祸,例如撞船、触礁、劫船等,一定要处变不惊,与其他乘客一起进行自救,需要弃船逃生时,应当听从船员的指挥。

(1) 上下轮船的顺序。除了要遵守先来后到、依次排队而行的规定之外,与同行者的先后顺序也颇有讲究。在上船时,应当主动请同行之人在前而行,而当下船通过舷梯时,则应当自己在前而行。

(2) 客舱之内的位次。根据常规,以垂直于水平面而论,越是往上的舱位越是舒适,其位次因而也就越高。在同一平面的舱位之中,单人间通常优于多人间。在同一档次的舱房之中,距离通道出口处越近,位次便越高。具体到一间多人住宿的客舱内,则以距离舱门远者为上位。

(3) 礼待他人。乘船时,可以适度地与其他乘客进行交际。与异性进行交往时,既要光明磊落、大大方方,又要讲究分寸。与乘客交谈时,有关海难、劫船、台风等一类耸人听闻的话题应当免谈。同时也要尊重全体船员,不要对对方颐指气使;感谢船员的服务,不要自觉自己对其受之无愧;配合船员的工作,不要有意无意给对方添麻烦。

五、乘坐飞机礼仪

为了确保飞机的飞行安全,民航方面对于乘客在乘坐飞机时的表现,有着一系列的具体规定,大学生乘坐飞机首先要学习以下规定。

1. 购买机票的规定

在我国境内购买机票时,必须出示有效证件,如居民身份证、护照等,必须在上面填写购票者的真实姓名。

2. 乘客行李的规定

在我国,持头等舱票者,每人可随身携带两件物品。持公务舱或经济舱者,每人则只可随身携带一件物品。每件物品的重量不得超过5千克,每位乘客均可免费托运一定数量的行李。超重部分的行李则应付费托运。

3. 登机检查的规定

首先要出示机票、登机牌和个人有效证件。其次要接受个人安全检查。按照现行规定,枪支、弹药、刀具、利器、酒类、易燃易爆物、剧毒放射物以及涉毒涉黄之物等,均不得携带登机。

4. 乘机期间的规定

在飞机起飞或降落时,应在座位上坐好,系上安全带,调直座椅靠背,并且收起身前的小桌板。当飞机颠簸时,不允许起身站立、四处走动,或者使用卫生间、取放个人行李。凡禁止触动之处,均不得随意乱摸乱动。飞机上专用的救生用品,不得私自携带下飞机。飞机起降过程中,一切有碍于飞机正常工作的电子用品,如手机、呼机、收音机、电视机、联网的个人电脑、电子玩具、电子游戏机等,均不得使用。乘坐飞机要尊重他人。一要尊重机场工作人员。享受对方所提供的服务之后,要向对方道谢。二要尊重机上乘务人员。在上下飞机时,对于来自对方的问候要积极回应。当对方为自己送上食物、饮料、书刊、纪念品时,勿忘向其道谢。三要尊重其他同行乘客。上下飞机要排队依次而行;在飞机上走动或摆放行李时不要阻挡别人;不要因为个人行为不检点而影响别人休息;不要盯视、纠缠异性或者外宾;不要拒绝与别人进行交谈。忌大声喧哗;忌危言耸听;忌乱走乱动;忌手脚乱伸;忌当众更衣。

第四节 旅游观光礼仪

旅游观光礼仪是指在旅游观光中人与人之间相互交流、交往时所共同遵循的行为规范和准则。旅游观光礼仪是衡量一个旅游者素质、教养、道德水准高低的尺子,也是衡量一个国家旅游者精神文明素质的重要标志。

一、国内旅游观光礼仪

1. 爱护旅游景点的一砖一瓦、一草一木

山川名胜和历史古迹是不可再生的宝贵自然资源和文化遗产,应倍加珍惜。不可攀折花草,不得随意涂写刻画,不要触摸珍贵的文物展品,不能戏弄旅游点的动物。在山林中还应注意防火,不要随地吐痰、乱扔烟头。不要在树木、建筑物上乱刻、乱画。不用树木为承重载体做各种运动,在照相时不要拉扯树木和花朵。

2. 维护环境整洁

游客在旅游观光时,都有维护环境整洁的责任和义务。在需要静谧观赏的地方,不要随意大声喧哗、嬉笑打闹。在外野餐之后,一定要将垃圾收拾干净,集中丢弃在垃圾箱或垃圾点,不可信手丢弃,更不要随地大小便。不污染景点内的水资源,尽量保持水域的环境卫生。

3. 善待动物,尊重生命

遵守景区的规章制度,不乱喂动物、恐吓动物。游人在快乐游玩的同时,多从动物本身的角度出发,给予合适的关心和爱护。

4. 以礼相待,主动谦让

旅游途中,如走在狭窄的曲径、小桥、山洞时,要主动给老弱病残让道,不争先抢行。如果不小心冒犯了他人,应及时道歉,不要与之发生纠纷;如果你是随团队旅游,一定要听从导游的安排,应征得导游同意方可离队;在自由游览时不可玩得忘乎所以而耽误归队时间,让全队人为你担心、等待。

5. 遵守公共秩序

不要独自前往禁行之处探险。遇到购票或观看景点的人较多时,要自觉排队,不要前拥后挤、制造混乱。

6. 注意个人形象,不失礼节

游山玩水时服饰可舒适自然,运动装、休闲装皆可,但不要赤身露体,有碍观瞻;不要围观、尾随陌生人;年轻情侣、新婚夫妇结伴游玩,自然是亲密无间,但在大庭广众之下,过于亲昵的举动都是有失礼节的。所到之处要入乡随俗,尊重当地的风俗习惯和一些宗教戒规,否则可能会因小事而酿成大错。

7. 遵守乘游览车的礼仪

要提前5分钟上车,不要迟到,以免让他人等候、耽误行程;年轻的游客尽量坐到车厢后面,把前几排座位让给老人和妇女儿童;观光车的第一排座一般都是留给领队、导游的,游客尽量不要坐;车上的卫生间是供乘客特急需要时使用的,一般不要使用。

二、国外旅游观光礼仪

(1) 了解、适应国外礼俗禁忌。一是了解、适应国际通行的礼俗、禁忌。二是要理解尊重目的地国家的宗教信仰、风俗禁忌。尤其是信奉伊斯兰教的国家生活禁忌较多,一定要了解清楚,并尽快适应。

(2) 到国(境)外旅游,穿着得体很重要。衣服要平整干净,适合气候环境。女士在国(境)外旅游期间,尽量不要穿戴奢侈的服饰、首饰。

(3) 爱护旅游景点的建筑设施、文物古迹和花草树木,不要随意触摸、涂写刻画、随意攀折。

(4) 要有团队精神。按导游引导的路线参观旅游,遵守时间,不私自离开团队。

(5) 要注意环境卫生。将废弃物丢进垃圾桶。

(6) 在景区拍照时,要主动谦让,不要争抢。参观博物馆、教堂、艺术殿堂时,要将背包放在指定地点,遵守场馆规定。

三、国外一些国家的风俗禁忌

1. 法国

在博物馆和教堂不要用带有闪光灯的照相机拍照。女士优先的礼仪起源于法国,旅行中要注意为女士让道、开门、让座,上下车让女士先行。巴黎女子很少穿牛仔裤,大多数巴黎女子上班的裤装都是宽松有致的,她们排斥紧绷在腿上的裤子。

2. 德国

德国人守纪律,讲整洁;守时间,喜清净;待人诚恳,注重礼仪。在德国用餐,不要用吃鱼的刀叉来吃肉。如果同时要饮用啤酒和葡萄酒,首先饮啤酒,后饮葡萄酒。在自助餐的发明国里吃自助,尤其要注意不要在食盘中堆积过多的食物。

3. 英国

英国人最忌讳别人谈论男人的工资和女人的年龄,就连他家的家具值多少钱也不该问,这些都是他个人生活的秘密,决不允许别人过问。在英国,请千万注意不能像国内一样,问人家"你去哪儿""吃饭了吗"等问题,他们讨厌别人过问他们的个人生活。英国人凡事都循规蹈矩,他们的汽车行驶方向和欧洲其他国家正好相反。在英国旅游,切忌当众打喷嚏,跷二郎腿,不要从梯子下面走过,或在屋子里撑伞。在谈话时,不要以皇室的家事作为笑料。

4. 俄罗斯

在俄罗斯,被视为光明象征的向日葵最受人们喜爱,它被称为太阳花,并被定为国花。拜访俄罗斯人时,送给女生的鲜花宜单数。在数字方面,俄罗斯人最偏爱7,认为它是成功、美满的象征。对于13与星期五,他们则十分忌讳。

5. 日本

在日本消费时一般不能还价,特别是在百货商店里,以标出的价格购买东西是一种被普遍接受的规矩,如果顾客非要坚持还价,可能会遭到冷遇。不过,日本消费中是没有付小费的习惯的,因为在账单中已经包括了所有的服务费用,所以顾客就不必再多此一举了。

6. 韩国

韩国人用双手接礼物,但不会当着客人的面打开。不宜送外国香烟给韩国人。酒是送韩国男人最好的礼品,但不能送酒给妇女,除非你说清楚是送给她丈夫的。在赠送韩国人礼品时应注意,韩国男性多喜欢名牌纺织品、领带、打火机、电动剃须刀等。女性喜欢化妆品、提包、手套、围巾类物品和厨房里用的调料。孩子则喜欢食品。如果送钱,应放在信封内。

吃饭时不要随意发出声响,更不许交谈。进入家庭住宅或韩式饭店应脱鞋。在大街上吃东西、在人面前擤鼻涕,都被认为是粗鲁的行为。

第五节 酒店礼仪

酒店礼仪,指客人在酒店的活动空间内的具体要求和行为规范。大学生在外出学习实习中要学好酒店礼仪,展示当代大学生良好的素质修养。具体有以下几点。

一、预约的礼仪

外出旅行要提前预订酒店,尤其是在旅游旺季,预订酒店的方式可以采用电话、网络、信函、电传等方式。预约时,要告知入住和停留的时间、入住的人数、房间的类型、申请住房人的姓名和到达酒店的大概时间。

预约后如果有变动,要及时通知酒店,并告知变动情况。如果比预定时间晚到达,一定要及时与酒店联系,以免预约被取消。如果自己因故需要退房,要电话通知对方并说明缘由。对酒店的有关规定也应予以理解。

二、登记入住的礼仪

1. 前台登记

入住酒店要出示身份证或其他证件,一般都需要交押金。如果前面有正在登记的顾客,按顺序安静等候,与其他客人保持一定的距离。

2. 遵守规章

入住酒店后,一定要首先了解入住酒店的相关规定,并认真、自觉地加以遵守。

3. 爱护设备

对酒店所提供的各种设备都要倍加爱护，不要故意损坏。若无意中损坏了，要主动声明，并进行赔偿。

4. 注意安全

进出房间要随手关门，并将房间锁好。有人敲门，要问明对方身份，不要轻易开门。在每个房间正门背后，通常都粘贴着酒店内部构造示意图，要抽出时间对此加以了解，并熟记应急通道的具体位置，以供发生紧急情况时逃生所用。

5. 财物的存放

不要将贵重物品、现金、有价证券存放在客房内。许多酒店为住宿的客人免费提供存放保管物品业务。如果发现个人物品丢失或被盗，应尽快通知酒店，请对方协助查找。

6. 保持整洁

维持房间整洁，东西尽量摆放得整齐有序。不要到处乱扔果皮、纸屑，应将废弃物扔进纸篓。使用浴室后要注意浴室卫生。

三、离店的礼仪

（1）需要预定出租车、机票、船票、车票时，可以请总服务台代为办理。

（2）检查好随身物品。离开酒店前，请检查好自己的物品，不要有遗漏。

（3）及时结账。结账时，对有偿使用的物品付费，如果弄坏了酒店的物品，要勇于承担责任加以赔付。

第七章

大学生社交礼仪
DAXUESHENG SHEJIAO LIYI

学习目标：通过本章的学习，正确理解和掌握交往礼仪的行为规范，遵守交往礼仪中的见面礼仪、称呼礼仪、握手礼仪、联络礼仪、应酬礼仪、聚会就餐礼仪等。

重点、难点：重点是掌握社交礼仪的内容和方法；难点是理解并掌握如何正确使用基本交际礼仪，在实践中正确加以运用。

第一节 大学生见面礼仪

心理学证明：在人际交往中，尤其是在初次交往中，一个人留给其交往对象的第一印象往往是至关重要的。会面是人际交往的起始环节，大学生要对自己与他人的会面严谨慎重，要恰到好处地运用会面礼仪，成为一个备受尊崇的有礼之士。

一、介绍礼仪

在见面礼仪中，介绍是一个十分重要的环节。介绍是交际之桥，介绍能为彼此搭建一座沟通的桥梁，它能缩短人与人之间的距离，增进彼此了解。通过介绍，能使不相识的人减少隔阂感；通过介绍，能帮助人们扩大社交圈子，结识新朋友，消除不必要的误会。

在正式场合为他人做介绍时，有一个基本原则，即应该受到特别尊重的一方有了解对方的优先权。国际上一般惯例是把身份低的介绍给身份高的，把年轻的或后辈介绍给年长的或前辈，把男性介绍给女性，把一般来客介绍给身份较高的人等。

(一) 自我介绍

大学生在交往过程中，自我介绍是常有的事。比如"推销"自己时，到一个新的学校学习时，在聚会中与不相识的人见面时，当对方忘记自己姓名时。成功的自我介绍会给对方留下主动、热情、大方的印象，可为进一步交往创造一个好的开端。

1. 自我介绍的时机

在下面场合，有必要进行适当的自我介绍：

①应聘求职时；

②应试求学时；

③在社交场合，与不相识者相处时；

④在社交场合，有不相识者表现出对自己感兴趣时；

⑤在社交场合，有不相识者要求自己做自我介绍时；

⑥在公共聚会上，参与身边的陌生人组成的交际圈时；

⑦在公共聚会上，打算介入陌生人组成的交际圈时；

⑧交往对象因为健忘而记不清自己,或担心这种情况可能出现时;
⑨有求于人,而对方对自己不甚了解,或一无所知时;
⑩拜访熟人遇到不相识者挡驾,或是对方不在,而需要请不相识者代为转告时;
⑪前往陌生单位进行业务联系时;
⑫在出差、旅行途中,与他人不期而遇,并且有必要与之建立临时接触时;
⑬因业务需要,在公共场合进行业务推广时;
⑭初次利用大众传媒向社会公众进行自我推荐、自我宣传时。

2. 自我介绍的具体形式

(1) 应酬式。适用于某些公共场合和一般性的社交场合,这种自我介绍最为简洁,往往只包括姓名一项即可。如:"你好,我叫张强。"或"你好,我是李波。"

(2) 工作式。适用于工作场合,它包括本人姓名、供职单位及其部门、职务或从事的具体工作等。如:"你好,我叫张强,是电脑公司的销售经理。""我叫李波,我在北京大学中文系教外国文学。"

(3) 交流式。适用于社交场合,它包括介绍者的姓名、工作、籍贯、学历、兴趣及与交往对象的某些熟人的关系。如:"你好,我叫张强,我在电脑公司上班。我是李波的老乡,都是北京人。""我叫王朝,是李波的同事,也在北京大学中文系任职,我教中国古代汉语。"

(4) 礼仪式。适用于讲座、报告、演出、庆典、仪式等一些正规而隆重的场合,它包括姓名、单位、职务等,同时还应加入一些适当的谦辞、敬辞。如:"各位来宾,大家好!我叫张强,我是电脑公司的销售经理。我代表本公司热烈欢迎大家光临我们的展览会,希望大家……"

(5) 问答式。适用于应试、应聘和公务交往的场合。问答式的自我介绍,应该是有问必答,问什么就答什么。如:"先生,您好!请问您怎么称呼?(请问您贵姓?)""先生您好!我叫张强。"

主考官问:"请介绍一下你的基本情况。"应聘者:"各位好!我叫张强,现年26岁,河北省石家庄市人,汉族……"

3. 自我介绍的注意事项

(1) 注意时间。要抓住时机,在适当的场合进行自我介绍,对方有空闲,而且情绪较好,又有兴趣时,这样就不会打扰对方。自我介绍时还要简洁,尽可能地节省时间,以半分钟左右为佳。为了节省时间,做自我介绍时,还可利用名片、介绍信加以辅助。

(2) 讲究态度。进行自我介绍时,态度一定要自然、友善、亲切、随和。要注视对方,善于用眼神、微笑和自然亲切的面部表情来传递友谊。不要显得不知所措、面红耳赤,更不能一副随随便便、不在乎的样子。语气要自然,语速要正常,语音要清晰。

(3) 真实诚恳。进行自我介绍要实事求是、真实可信,不可自吹自擂、夸大其词。

(二) 他人介绍

1. 为他人做介绍

在介绍之前,必须了解被介绍双方各自的地位、身份等,并遵循尊者优先了解情况的原则。先介绍身份高者、年长者、主人、女士和先到场者,再介绍对方。

为他人做介绍时,手势动作应文雅。手心朝上,四指并拢,拇指张开,指向被介绍的一方,并向另一方点头微笑。必要时可以说明被介绍的一方与自己的关系,以便新结识的朋友之间相互了解和信任。作为被介绍的双方,都应当表现出认识对方的热情,一般应起立、微笑、点头并问候、称呼,进行寒暄。

2. 被他人介绍

当他人做介绍,自己处于当事人之中时,如果你作为身份高者被介绍后,应立即与对方握手,表示热情、欢迎、很高兴认识对方等意思。如果你作为身份较低者或一般宾客,当未被介绍给对方时,应耐心等待。当自己被介绍给对方时,应根据对方的反应来做出相应的反应,如对方主动伸手,你也要及时伸手,对方愿意交谈,你应表示高兴,对方让你稍等并表示歉意,你应表示没关系,并耐心等待。

二、称呼礼仪

称呼,主要是指人们在交往过程中对彼此的称谓语,它表示人与人之间的关系,反映一个人的修养和品德。称呼语是交际语言中的先行官,是沟通人际关系的一座桥梁。一声得体又充满感情的称呼,不仅体现出称谓人的文化和礼仪修养,也会使交往对象感到愉快、亲切,促进双方感情的交融,为以后的深层交往打下良好的基础。

在人际交往中,选择正确、适当的称谓,反映了自身的教养和对对方尊重的程度,甚至还体现出双方关系发展达到的程度和社会风尚。尊重一个人,首先要从尊重一个人的姓名开始,从有礼貌的、友好的称呼开始。言为心声,大学生在与人交谈时语言要符合一定的礼仪规范,要学会恰当地使用各种礼貌用语,为自己树立良好的形象。

称呼语有尊称和泛称两种。尊称是指对人尊敬的称呼;泛称是指对人的一般称呼。

(一) 尊称

现代汉语中常用的有:"您""×老""贵姓"。其中"×老"专指德高望重的老人,有如下三种用法。

第一种:您+老,如"您老近来身体好吗?"
第二种:姓+老,如"王老""冯老"。
第三种:双音名字中的头一个字+老,如"望老"(对著名语言学家陈望道先生的尊称)。

(二) 泛称

以正式场合与非正式场合来划分,常用的称呼语如表7-1所示。

表7-1 社交场合的称呼语

社交场合	称呼的表达	举 例
正式	姓或姓名+职衔/职务/职业	方教授、张律师、刘院长、方阳教授
	姓名	杨阳、王涛
	泛尊称或职业	先生、女士、护士、师傅
	老/小+姓	老马、小苏
非正式	姓+辈分称呼或辈分称呼	曾姐姐、金哥哥、哥哥、姐姐
	姓名或姓名+同志	王平、王平同志

另外,不能随便给他人起绰号,应礼貌相称。同学之间可以互相称呼其姓名,也可称"学姐""学长""学弟"或"学妹";见到老师要主动问候,不能直呼老师姓名,也不可叫老师外号。

(三)称呼的原则

(1) 礼貌原则。合乎礼节的称呼,是向他人表达尊重的一种方式。在人际交往中,称呼对方要用尊称。常用的尊称有以下几种。您:您好、您慢走;贵:贵方、贵地;大:尊姓大名、大作;老:李老、您老;高:高见、高寿;芳:芳名、芳龄等。

(2) 尊重原则。一般来说,中国人有崇大崇老崇高的心态,比如对待同龄人,一般称对方为哥、姐;对副校长、副处长等直接略去"副"字。

(3) 恰当原则。许多青年人往往对人喜欢称师傅,虽然亲热有余,但文雅不足,普适性较差。对理发师、厨师、司机称师傅恰如其分,但是对医生、教师、军人称师傅就不合适了,所以要根据交际对象、场合、双方关系等选择恰当的称谓。

(四)称呼的禁忌

(1) 避免错误的称呼。常见的错误称呼主要是误读或是误会。误读就是念错姓名。为了避免这种情况发生,对于不认识的字,事先要有所准备;如果是临时遇到,应虚心请教。误会,主要是对被称呼人的年纪、辈分、婚否以及与其他人的关系做出了错误判断。比如,将未婚妇女称为太太,就属于误会。相对年轻的女性,都可以称为女士。

(2) 避免使用不当的称呼。工人可以称之为师傅,道士、和尚、尼姑可以称之为出家人。但如果用这些来称呼其他人,他人会有被贬低的感觉。

(3) 避免使用不通行的称呼。有些称呼,具有一定的地域性,比如山东人喜欢称呼伙计,但在南方人听来,伙计肯定是打工仔。中国人把配偶称为爱人,在外国人的意识里,爱人是第三者的意思。

(4) 避免使用庸俗的称呼。有些称呼在正式场合不适合使用。例如,"骨粉""死党"等一类的称呼,虽然听起来亲切,但却显得档次不高。不要称呼外号,或使用带有歧视、侮辱性的称呼。对于关系一般的朋友,不要自作主张给对方起绰号,更不能用道听途说来的外号去称呼对方,也不能随便拿别人的姓名乱开玩笑。

三、握手礼仪

在刀耕火种的原始社会,人们用来防身和狩猎的主要武器就是棍棒和石头。据说当人们在路上遭遇陌生人时,如果双方都无恶意,就放下手中的东西,伸开双手让对方抚摸掌心,以示亲善。这种表示友好的习惯沿袭下来就成了今天的握手礼。

握手礼是在一切交际场合中最常见、适用范围最广泛的见面致意礼节,它表示致意、亲近、友好、寒暄、道别、祝贺、感谢、慰问等多种含义。从握手中,往往可以了解一个人的情绪和意向,还可以推断一个人的性格和感情。有时握手比语言更充满情感和艺术。大学生要给对方留下热情、友好的印象就必须学好握手礼仪。

(一)握手礼原则

行握手礼时要有先后次序之分,握手的先后次序主要是为了尊重对方的需要。其次序主要根据握手双方所处的社会地位、身份、性别和各种条件来确定。最基本的原则是"尊者居前",即双方握手时,应由地位较高者首先伸出手来。地位较低者若首先伸出手来,则是失礼的表现。

(1) 当客人与主人握手时,有两种情况:客人抵达时,通常应由主人率先伸手;而当客人告辞时,则应由客人率先伸手。前者是主人为了体现自己对客人的欢迎之意,后者则是客人为了请主人就此留步。

(2) 一个人需要与数人一一握手时,一是由尊而卑地依次进行,先上级、后下级,先长辈、后晚辈,先主人、后客人,先女士、后男士;二是由近而远地依次进行。前者适用于握手对象地位尊卑较为明显之时;后者则适用于握手对象地位的尊卑不甚明显或者难以区分之时。

(3) 两人之间握手的次序是:上级在先,长辈在先,女士在先,主人在先。而下级、晚辈、男士、客人应先问候,见对方伸手后,再伸手与之相握。在上级、长辈面前不可贸然先伸手。若两人之间身份、年龄、职务都相仿,则先伸手为礼貌。

(4) 如男女初次见面,女士可以不与男士握手,互致点头即可;若接待来宾,不论男女,女士都要主动伸手表示欢迎,男士也可向女士先伸手表示欢迎。

(5) 若一方忽略了握手的先后次序,先伸出了手,对方应立即回握,以免造成尴尬。

(二) 握手的正确姿势

(1) 起身站立,两人相距约一步,上身稍微前倾。

(2) 使用右手。

(3) 四指并拢,拇指张开,虎口相对,握手的双方相互握住对方右手除拇指之外的其他四个手指。男士与女士握手往往只握住女士的手指部分。

(4) 时间适中。在正常情况下,与他人握手的时间以 2~3 秒为宜。

(5) 力量适度。用力过轻,会令人感到自己缺乏热忱;用力过重,则会有挑衅之嫌。

(6) 态度友好。与他人握手时,均应目视对方双眼,并面含微笑。

(7) 稍事寒暄。与他人握手时,通常需要同时与对方交谈片刻。

(三) 标准的握手方式

1. 平等式握手

平等式握手是较为普遍的握手方式,即施礼双方各自伸出右手,手掌均呈垂直状态,四指并拢,大拇指张开,肘关节微屈抬至腰部,上身微前倾,目视对方,与对方右手相握,握手时可以适当上下抖动以示亲热。平等式握手是礼节性的、为了表达友好合作的握手方式,一般适用于与初次见面或交往不深的人相握。这样做双方均不卑不亢,一般可达到理想的交际效果。

2. 手扣手式握手

手扣手式握手即主动握手者用右手握住对方的右手,再用其左手握住对方右手的手背。这种方式的握手,在西方国家被称为"政治家的握手"。用这种方式握手的人,试图让接受者感到他热情真挚、诚实可靠。在朋友、同事之间,这种握手很可能会达到预想的效果。然而,如果与初次见面的人握手,这种握手方式则可能导致相反的效果,因为对方可能会怀疑主动握手者的动机。

3. 双握式握手

用双手握手的人,目的是想向对方传递出一种真挚、深厚的友好感情。主动握手者的右手与对方的右手相握,他的左手握住对方的胳膊或肩膀部位。应该注意的是,只有在情投意合和感情极为密切的人之间这种握手方式才受欢迎。

（四）不标准的握手方式

1. 控制式握手

控制式握手时掌心向下，显得傲慢，以示自己高人一等，或暗示想取得主动地位。

2. 虎钳式握手

虎钳式握手时用力过猛。

3. 乞讨式握手

乞讨式握手时掌心向上，是一种被支配地位的表现。时间过长、幅度过大，给人以粗鲁的感觉。此握手方式表示谦卑与过分的恭敬，往往是出于被支配地位的体现。

4. 死鱼式握手

死鱼式握手时漫不经心，过于软弱无力，时间较短，不仅给人一种十分冷淡的感觉，同时也给人留下一种毫无生命力、任人摆布的印象。

5. 抓指尖式握手

抓指尖式握手时，轻轻触一下对方的指尖，会给人留下冷冰冰、自视清高的感觉。

（五）握手礼仪

（1）注意握手的次序。各种场合的握手都应该讲究尊者决定的原则，即由身份尊贵的人决定双方有无握手的必要。正确的顺序是：待女士、长辈、已婚者、职位高者伸出手来之后，男士、晚辈、未婚者、职务低者方可伸出手去呼应；来访时主人先伸手，以表示热烈欢迎；告辞时只有待客人先伸手后，主人再伸手与之相握，否则有逐客之嫌。

（2）握手时一定要用右手，用左手与人相握是不合适的。在特殊情况下用左手与人相握应当说明理由。

（3）与他人握手时，应该保持手部清洁，否则会给对方不舒服、不愉快的感觉。

（4）男士戴帽子和手套同他人握手是不礼貌的，握手前一定要脱下帽子和手套。但如果女士身着礼服、礼帽及戴手套时，与他人握手可以不摘下手套。

（5）要注意握手的时间与力度。握手的时间通常掌握在2～3秒为宜，握手的力度要适当，不宜用力过猛或毫无力度。男士与女士握手，时间要短些、用力要轻些。长久地、用力过猛地握着女士的手不放，是十分失礼的行为。

（6）握手时，眼睛要注视对方并面带微笑。

（7）不宜交叉握手。

（8）应站起来与他人握手，在正常情况下，坐着与人握手是失礼的。

（9）一般不要拒绝和他人握手，即使有手疾或汗湿、弄脏的情况，也要跟对方说明原因，如"对不起，我的手现在不方便"，以免造成不必要的误会。

第二节 联络礼仪

联络礼仪,是指人们进行联络时所应遵守的基本行为规范。遵守联络礼仪,是维持良好人际关系,进而使其有所发展的重要前提。现代社会是一个信息社会,对于大学生而言,信息就是资源,信息就是财富,信息就是机遇。多种多样的现代化通信工具为大学生们获取、传递、利用信息提供了越来越多的选择。随着现代化通信工具的普及,大学生学习并掌握好通信礼仪显得尤为重要。

一、电话礼仪

电话被公认为便利的通信工具,在日常工作中,正确使用电话语言很关键,它直接影响着一个公司的声誉;在日常生活中,人们通过电话就能大致判断对方的人品和性格。因此掌握基本的电话礼仪是非常重要的。

(一)打电话的基本礼仪

(1)选择恰当的时间。要想使通话效果好,使之不至于受到对方繁忙或疲劳的影响,则通话时间的选择非常重要。要尽量避免在对方休息的时间打电话给对方,例如:早上七点前,晚上九点以后,午休时间或就餐时间,周末、节假日等。如果有紧急事宜不得不打电话,通话之初先要为此说声"对不起"。如果双方约定了通话时间,则轻易不要更改,如果与外商通话时,须顾及对方在作息时间上的特点。

(2)规范通话内容。拨打电话对方接通后,要主动介绍自己。打电话时所用的规范介绍有两种,第一种适用于正式的交往中,要求礼貌用语与介绍双方的单位、职务、姓名等。比如:"您好!我是17级播音主持专业的刘梅,请问是播音主持专业课的姜云老师吗?"第二种适用于日常交往中,比如:"您好!请问是姜老师吗?"为了尽量避免打扰对方,电话接通后,通话过程讲究"通话三分钟原则"。如果通话内容较多,为了节省时间,一定要提炼语言,简介内容,条理清晰地预备好提纲。若拨通电话时对方正忙,可以约一个时间,过一会儿再打,此外,与不熟悉的单位或个人联络时,对方的名字与电话号码应当提前弄清楚,避免因为搞错而浪费时间。

(3)打电话注意事项。第一,要保持欢快喜悦的心情,这样即使对方看不见你,也能从你欢快的语调中受到感染,对你留下极佳的印象。第二,打电话时要保持清晰明朗的声音,在打电话过程中绝对不能抽烟、喝茶、吃零食。第三,要保持拨打电话坐姿端正,若坐姿端正,所发出的声音也会亲切悦耳,充满活力。第四,要有礼貌地挂电话,要结束电话交谈时,一般应当由打电话的一方提出,然后彼此客气地道别,切忌自己讲完就挂断电话。

(二)接电话礼仪

接听电话不可太随意,讲究必要的礼仪和一定的技巧,避免产生误会。无论是打电话还是接听电话,都应做到语调热情、大方自然、声音适中、表达清楚、简明扼要、文明礼貌。

（1）及时接听电话。当电话铃声响起时，要及时接听，以免对方久等。礼仪上强调"铃响不过三声原则"，即电话铃声响3遍之前就应接听，3遍后就应道歉："对不起，让您久等了。"如果接听电话的人正在做一件紧急重要的事情不能及时接听电话，代接电话的人应妥善解释。如果既不能及时接听电话，又不道歉，甚至很不耐烦，就是极不礼貌的行为。

（2）确认对方。对方打来电话，一般会主动介绍自己。如果没有介绍或者你没有听清楚，就应该主动问："请问您哪位？能为您做点什么？您找哪位？"但是人们习惯的做法是拿起电话听筒就盘问一句："喂，哪位？"让对方听来陌生而疏远，缺乏人情味。如果对方找的人就在你旁边，你应说："请稍等。"然后用手掩住话筒，轻声招呼对方要找的人接听电话。如果对方找的人不在，你应告诉对方，并且问："您需要留言吗？"

（3）讲究艺术。接听电话时，应注意嘴巴和话筒保持4厘米左右的距离；要把耳朵贴近听筒，认真倾听对方的讲话。最后，应让对方自己结束电话，然后轻轻把话筒放好。不可"啪"地一下扔回原处。卡耐基曾经说过："您不可能有第二次机会来重建您的第一印象。"

（4）认真清楚地记录。接听电话随时牢记"5W1H"技巧，所谓"5W1H"是指：When，何时；Who，何人；Where，何地；What，何事；Why，为什么；How，如何进行，即包括来电人姓名、单位、电话号码、来电时间等内容，这样记录既简洁又完备。

二、手机礼仪

手机被称为"第五媒体"，已是现代社会生活中不可或缺的通信工具。随着手机的普及，它已成为人们随身必备、使用最为频繁的电子通信工具，因此，其使用的礼仪也越来越受到关注。在使用手机的时候应该注意以下礼仪。

（1）注意手机使用场合。使用手机时一定要讲究社会公德，尊重、关心和爱护他人。在公共场合，应该把自己接打手机的音量尽可能地压低，尽量不要大声说话，更不宜一边走路一边用手机聊天。这样既不安全也会给其他人造成干扰。在会场、影院、剧场、音乐厅、图书馆、教室等需要保持安静的场所，应主动关机或将手机设置为振动、静音状态；如接到来电，应到不妨碍他人的地方接听；当信号不良时，可改换通话位置或改用其他通信方式，不宜旁若无人地大声通话，否则会损害大学生形象。

（2）注意安全使用手机。使用手机时必须牢记安全至上，否则不但害人，还会害己。要注意不要在驾车时使用手机，或是查看、收发信息，以防止发生车祸；不要在病房、油库等地方使用手机，免得所发出的信号有碍治疗，或引发火灾、爆炸。出于自我保护和防止他人盗取手机、盗取密码等多方面考虑，通常不宜随意将本人的手机借给他人使用，或是前往不正规的维修点检修手机；用手机支付时尽量不要使用所在地商家提供的免费WiFi。

（3）正确使用手机铃声。①个性化铃声应注意使用场合。时下个性化手机彩铃迅速走俏，深受广大年轻人喜爱，但是过于个性化的铃声应注意使用场合。②铃声内容不能有不文明的内容。不可用低俗搞笑的段子作为铃声。③铃声音量不能太大。无论是座机还是手机铃声，音量都不能调得过大，以离开座位2米可以听见为宜。

（4）讲究手机置放文明。在一切公共场合，手机在没有使用时，都要放在合乎礼仪的常规位置。不要在没使用的时候放在手里或是挂在上衣口袋外。置放手机的常规位置有：随身携带的书包、公文包，上衣的口袋里。

三、收发手机短信的礼仪

手机短信已成为人们日常生活中沟通交流、表达祝福的重要方式。使用手机发短信需要注意一些基本的礼仪。

(一)短信如同写信

手机短信其实类似于我们日常的写信,只是载体不同,因此手机短信的开头首先要输入收件人的称呼,短信的结尾要有署名,以便于收件人识别是谁发送的短信。短信开头没有称呼,结尾没有署名是不礼貌的。收到领导、老师、长辈的短信一定要在第一时间回复,以示尊重,不可拖拉,更不可不回复。

(二)短信自己编写

祝福类的短信不要套用现成的短信或抄袭别人的,尽可能自己编写,若确实觉得某条短信内容不错,引用其中几句也可,但绝不能完全抄袭。对于短信内容的选择和编辑,应该和通话文明一样重视,用字用语要规范准确、表意清晰。

(三)短信体现素养

手机短信体现了发信者的文化素养、社会涵养,也体现了发信者与收信者之间的关系。短信内容要针对发送对象选择合适的措辞,比如对朋友、恋人、领导、长辈等不同关系的人在措辞的亲密程度、尊敬程度及短信内容等方面是有很大区别的。

(四)短信注重影响

在一切需要将手机调至振动状态或是关机的场合,比如上课,或者开会时,短信声音此起彼伏,也会造成不良的影响。在上述场合,即使用手机接收短信,也要设定成振动状态,并且不能在别人注视到你的时候查看短信。另外,一边和别人说话,一边查看手机短信,也是一种失礼的行为。

四、网络礼仪

网络是一种集信息传播、科学研究、社会交往与游戏娱乐于一体的公共通信,大学生上网,既可以广泛地学习,也可以交友聊天,还可以娱乐休闲。网络既是人们活动的真实世界,又是人们活动的虚拟世界。大学生上网要遵守法纪,遵守相应的礼仪规范。

(一)尊重他人

大学生上网,应该尊重网友的人格,不要对他人进行人身攻击;不要侮辱、嘲笑网友;不要在网络上随意报复他人;不要在网络上满口脏话、粗话。要知道,在现实中不该做的事、不该说的话在网上也不该做和说。要尊重他人隐私,不要随意公开他人个人信息,即使对某人有所不满,也绝不能在网络上谩骂侮辱对方,到处传播他人的隐私。

(二)行为真诚

网络是一个虚拟的世界,大学生上网,应该正确区分虚拟世界和现实世界,冷静处理网络交际,客观对待网络生活,合理使用网络手段,不可把网络与现实混淆,不可在网上发泄怨恨,胡编乱造,欺诈蒙骗,甚至利用网络来实施技术盗窃和高科技犯罪。不要觉得网络交往本身具有匿名的性质,他人无法轻易判断交往对象的真实身份,就可以降低道德标准,殊不知在网上沉沦的同时,在现实生活中也会随之堕落。

(三)时间适度

大学生除了正常的网络学习外,作为娱乐的上网一定要注意时间,择时上网,适度上网。如果长时间沉溺于网络,甚至不分昼夜地上网,不仅影响学业,对自己的健康成长也非常有害。另外,通过网络,可以实现信息资源共享与互助交流,查找资料和传输信息,方便快捷,但是,注意不要任意浪费自己或他人的时间和宽带。

(四)入乡随俗

同样是网站,不同的论坛有不同的规则。建议大学生上网后,主动适应,先听后说,入乡随俗,这样就可以知道论坛的规则,不至于被管理员踢出来。大学生上网,往往要使用网络"共同语",这些网络语是一种特殊的方言现象,要合理运用。

(五)宽容理解

不管是微博还是直播间等,不可能只有一种观点,争论是正常的现象,争论是为了寻求统一,争论时要心平气和,以理服人,不能进行人身攻击。如果你收到一些恶作剧信息骚扰,切不可因一时气愤,对其他用户进行无差别的报复,可考虑与网络管理人员联系。

网络是一种大众媒体,由于各种主客观原因所致,每个人都会出现这样那样的过错,大学生要认真对待网友在网络上的错误。对网友发出的无聊内容与错误信息要有理解和宽容的态度,给别人提供改过的机会。对诸如写错了字,用错了词,或者出现其他常识性错误,就嘲笑讽刺,其实是暴露自己的尖酸刻薄和狂妄自大,是一种不成熟的表现。

(六)行事谨慎

大学生上网,无论是浏览新闻还是网络购物、游戏交友,都应谨慎行事,不要掉入网络陷阱。特别提醒,网络交友要慎重再慎重,不要随便透露给对方应该保密的信息,不要轻易冒犯或得罪他人,不要随便同网友见面,即使见面,也最好不要单独行动,应结伴而行,并事先告诉老师、家人或朋友,随时联系,以降低风险。

第三节 应酬礼仪

应酬礼仪,通常指的是人们在进行交际应酬时必须遵守的个人行为准则。在日常生活里,大学生总有一些交际应酬活动需要参加。参加交际应酬活动,对大学生而言,作用颇多,可扩大交际、获得信息、深化友谊。

大学生面对种种交际应酬活动,正确的态度应当是:既要有选择地参加交际应酬活动,切忌贪多过滥、耽误学业,又要掌握必要的应酬礼仪,使自己在参加交际应酬活动时举止有度。

作为交往方式之一，拜会实际上是一种典型的双向应酬活动。

拜会是指前往他人的工作地点、私人居所或者其他商定的地点会晤、探望对方，或与之进行其他方面的接触。从总体上讲，充当客人拜访他人时，一定要讲究客随主便；充当主人款待他人时，则一定要讲究主随客便。

一、做客之规

做客，是拜会的基本组成部分。通常是指上门拜会他人。就做客礼仪而言，其核心在于客随主便、尊敬主人。在做客时要做到以下几点。

1. 有约在先

在所有的做客礼仪之中，有约在先是最基本、最重要的一条。拜访应当以两相情愿、双方方便为基本前提。不提倡随意进行顺访。在进行拜访尤其是进行正式拜访或初次拜访时，有约在先绝对不可以忽略。

2. 约定时间

对主人所提出的具体时间，应予以优先考虑。由客人自己提出方案时，则最好给对方多提供几种可供选择的具体方案。

3. 约定人数

在拜会中，宾主双方都要竭力避免使自己一方中出现对方所不欢迎，甚至极为反感的人物。

4. 如约而至

拜访者如有特殊原因需要推迟或取消拜会时，应当尽快以适当的方式通知对方。当拜访者下次与对方见面时，最好还要再次为此而表示歉意，并详细说明自己上次爽约的具体原因。

5. 上门有礼、轻装上阵

在正常情况下，拜访时的着装应当以干净、整洁、高雅、时尚为主要原则。

6. 先行通报

较为重要的正式拜访，在其进行之前的一天，拜访者应当与拜访对象再次进行联络，以便与对方再作确认。抵达拜访对象的办公室或私人居所门外后，倘若对方无人迎候，应首先采用合乎礼仪的方法，向对方通报自己的到来。

拜访者在敲门时，以食指轻叩两三下即可；摁门铃的话，则让铃响两三声即可。若室内没有反应，过一会儿可再进行一次。即使与主人关系再好，也绝对不要不打任何招呼便推门而入。

7. 问候施礼

登门拜访时，拜访者与拜访对象见面之初，前者应当主动向对方进行问候，并且与对方握手为礼。

倘若宾主双方初次谋面，拜访者则还须略做自我介绍。若拜访者的同行人员之中有与主人不相识的，则拜访者还有义务替双方进行相互介绍。

前往亲朋好友的私人居所做客时，可为对方预备一些适当的小礼物，诸如鲜花、书籍、光碟等。

8. 安置随身物品

进入他人室内做客时，按照礼仪规范，拜访者应将身上的一些物品或者随身携带的一些物品加以去除、放下，以示敬意。这些物品包括：帽子、手套、墨镜、外套、手袋等。

9. 应邀就座

被主人邀请进入室内时,拜访者应主动随行于主人身后,若主人开门之后并未主动邀请拜访者进入其室内,通常表明拜访者的到来不合时宜,应知难而退。

拜访者在就座时需要注意以下三点:①不要自行找座;②与他人同至时应相互进行谦让;③最好与其他人,尤其是与主人、主宾一同落座。

10. 为客有方、围绕主题

在拜访做客时,拜访者就应当使自己的所作所为紧密地围绕着自己的拜会主旨而行,绝对不允许"跑题"。

11. 限定范围

主要限定两个内容:一是拜访时的交际范围,二是限定拜访时的活动范围。

12. 适时告退

如果客人与主人双方对会见的时间长短早已有约在先,则拜访者务必谨记在心,并认真遵守。假如双方无此约定,通常一次一般性的拜访应以一小时为限。初次拜会,则通常不宜长于半个小时。

拜访者一般不宜在主人家里留宿,尤其是不宜临时或主动地表达此意。在拜会之中遇有他人到访,拜访者应适当缩减自己的停留时间。

拜访者一旦提出告辞,任凭主人百般挽留,都要坚持离去。在出门以后,拜访者应与主人握手作别。

二、待客之道

所谓待客,一般指的是拜访对象对登门拜访者所进行的接待。待客之道的核心在于:主随客便,待客以礼。

1. 细心安排,搞好环境卫生

进行清洁卫生工作的重点,应当是门厅、走廊、客厅、餐厅、阳台、卫生间等来客必经之处。此外,门外、楼梯等公众共享空间的卫生,亦应加以注意。还须对会客地点的室内及其周边环境加以适当的布置。

2. 备好待客用品

待客用品主要有以下几种:饮料、糖果、水果、点心、香烟、报刊、图书、玩具、娱乐用品。

3. 安排膳食住宿

在商定正式的拜会时,宾主双方即应同时议定是否应当由主人安排来宾的膳食住宿;而在商定一般性的拜访时,则无此必要。对主人一方而言,在正常情况下,待客时是讲究"备膳不留宿"的。一般而言,主人一方不必为来宾尤其是本地来宾安排住处。不过,假如"有朋自远方来",则还是要为其安排住宿的。

4. 准备交通工具

接待本地客人时,应事先告诉对方正确的交通线路,为对方准备交通工具存放地点或在必要时为其安排、联络交通工具。

接待远道而来的客人时,一般应由主人主动协助对方解决交通问题。为来宾安排交通工具,讲究善始善终。

5. 迎送礼让

在客人抵达之后,主人要做的第一件事,就是要向对方表示热烈欢迎,并待之以礼。为来宾送行时,主人亦须表现出应有的热情与礼貌。

6. 迎候

对重要的客人和初次来访的客人,拜访者在必要时要亲自或者请人前去迎候,以示对对方的重视。

迎候远道来访的客人,可恭候于其抵达本地的机场、港口、车站,或其下榻之处,并要事先告知对方。迎送本地的客人,宜在大门口、楼下、办公室或居所的门外,以及双方事先约定之处。迎候来宾的具体地点,一般应由主人自行通报给来宾。

对常来常往的客人,虽不必事先恭候于室外,但一旦得知对方抵达,拜访者即应立即起身,相迎于室外。

7. 致意

与来客相见之初,不论彼此熟悉与否,均应面含微笑,与对方热情握手。此刻,主人率先伸手与来宾相握,是对来宾热烈欢迎的一个具体表示。与此同时,主人还应当致以亲切的问候。

握手、问候与表示欢迎,被视为必不可少的"迎宾三部曲"。来宾抵达时,假如自己这里还有家人、同学或其他客人在场,身为主人的大学生有义务为其进行相互介绍。

8. 让座

客人到来之后,主人应尽快将其让入室内,并安排其就座。一方面,主人一定要注意把"上座"让给来宾。所谓"上座",指以下六点:"面门为上""以右为上""以远为上""居中为上""高座为上""舒适为上"。另一方面,就座时,为了表示对客人尤其是主宾的敬意,主人通常应邀请客人先行入座,或者与对方"平起平坐",即宾主双方一同落座。

当主人在同一时间、同一地点接待来自不同单位、不同身份的来访者时,应当对各方来访者在礼仪上给予合乎情理的平等待遇。体现待遇平等应做到以下两点:一视同仁和待客有序。待客次序有六种讲究:女士先于男士;长者先于晚辈;老师先于学生;已婚者先于未婚者;职位高者先于职位低者;客人先于主人。

9. 送别

一般而言,告辞的要求应由来客首先提出。这时,主人应认真加以挽留。倘若客人执意要走,主人方可起身送行。当客人辞行时,不允许坐而不起。

送行的具体地点对远道而来者,可以是机场、港口、车站或其下榻之处;对本地的客人,则应为大门口、楼下,或其所乘车辆离去之处。至少,也要将客人送至室外或电梯门口。

与客人告别时,主人要与对方握手,并道以"再见"。双方在握手时,最好先由客人伸出手来。当客人正式离去时,主人应主动向其挥手致意。对方离开之后方可离开。

第四节
聚会礼仪

大学期间,经常会举办许多不同形式的聚会活动,熟练运用聚会的礼仪知识和技巧,才能得体地展示自我,汇集人脉,交流感情,增进友谊。聚的是人,而会的是"神"。这个"神",就是人们的文化底蕴在特定的环境中所外化的精神面貌。仅就礼仪来说,这个"神"就是通过得体的言行举止来体现人们的科学态度、文明风貌、价值观和人格特征。

一、集会

所谓集会,通常指的是人们集合在一起,有议题、有组织、有步骤、有领导地研究、讨论、商议有关问题。集会是人们参与社会活动的主要方式之一,主要有以下几个流程。

(一)会前

1. 主持集会

凡属较为正式的集会,均应指定专人负责主持。在集会上,主持者主要有落实议程、控制时间、掌握会场等三项具体工作。

2. 落实议程

议程,指的是一次集会在具体进行时的各项基本内容及其所应遵循的、既定的先后顺序。

3. 熟悉议程

一次正式集会的主要议程包括五项:一是主持者宣布正式开会,二是专人做主旨报告,三是全体与会者讨论主旨报告,四是全体与会者达成共识,五是主持者宣布集会结束。

4. 执行议程

集会的主持者往往无权变更集会的正式议程,不论遇到什么特殊情况,主持者在主持会议时都必须想方设法履行自己的职责,以确保集会按照既定方针进行。倘若遇到特殊的情况,例如,发言者缺席,发言时间不够用,听众意见较大等,主持者认为确实有必要对议程进行临时调整时,最好首先征求集会主席团或主要负责人的意见。

5. 控制时间

严守起止时间。集会的起止时间,需要事先予以确定。它一经确定后,便应得到全体与会者,特别是集会工作人员的遵守。与此同时也要限制发言时间,在具体拟订集会议程时,即应对每一位发言者的发言时间做出明确的规定,并且一律提前通知其本人。主持者在主持集会时,需要做好两点:在发言者发言之前最好再次与其确认一下其限定的时间长度;可使用技术性手段,例如,悬挂计时器或者铃响提示等,在现场对发言者做出暗示。

6. 留有休息时间

集会时间贵短忌长。一次集会最好控制在 3 小时之内,并以 2 小时左右为佳。凡举行集会的时间长于 1.5 小时的,即应在其间安排一次长约 15 分钟的休息时间。若集会打算进行一整天,或者连续多日举行,则除了规定必要的会间休息之外,还需要安排专门的正式的午间休息与休会日。

7. 掌握会场、少说多看

在主持会议的具体过程中,主持者切勿随意作秀、抢风头,尤其是不要兴之所至地信口开河。主持者应认真观察集会的进行情况,及时发现问题、解决问题。

8. 调节气氛

主持者在集会举行时应变被动为主动,积极采取必要的措施,令集会自始至终保持良好状态。例如:在发言者发言前与发言结束后,主持者应带头为其鼓掌,以带动全场听众予以热烈响应。

(二) 会间发言

在任何情况下,发言者无疑是集会的中心人物,要注意以下几个方面。

1. 仪表整洁、妆容得体

在出席集会之前,将要发言的大学生一定要抽出必要的时间对其个人仪表进行修饰和检查。要做好以下三方面:整理仪容;讲究着装;注意妆饰。应当风格庄重、规范严整。发言者在进行化妆时,应当淡雅而清新,切忌给人以浮华或轻佻之感。如果打算佩戴首饰,则既要令其与本人的实际身份相符,又要尽量少而精。

2. 态度谦恭、尊重听众

从总体上讲,发言者的态度应自谦而敬人,自谦自重。在发言时,一定要少用"我"字,慎提"本人",尤其是要力戒自我推销、自我宣传和过分地自我肯定。上台发言之初,进行问候。发言之中一定要采用尊称与敬语,发言结束要道谢。

3. 宽以待人、适可而止

当他人在集会上的观点与自己的发言相左时,一定要善于求同存异、以理服人。发言者要有明确的时间观念,宁短勿长,绝不拖延发言时间。

4. 内容周全、了解听众

发言者务必认真了解听众的思想状况、文化程度、职业特点、心理需求、现场情绪等,有了一定程度的认识,才可能使自己的发言有的放矢,确保自己的发言内容周全,深入人心。

5. 观点鲜明、结构合理

每一位发言者在发言时,既要防止固执己见,又要防止人云亦云。最重要的是,发言者要使自己的发言观点明确、中心突出、态度清楚、主张合理。在发言的具体结构上,应当做到疏密有致、有张有弛。

6. 语言生动、感情真实

任何人在集会上所进行的发言,都以语言晦涩、枯燥为最大的忌讳。

发言者在发言时的感情抒发必须真实而自然,既要出自内心、发自肺腑,又要有所控制、适可而止。

7. 遵守纪律、准时到会

集会纪律一般是指为确保集会的顺利进行而专门制定,并要求全体与会者自觉执行、遵守的有关规则、要求或条文。总体上看,各类集会纪律有以下三个共同之处:①严格遵守集会的时间,是保证集会顺利进行的基本条件之一;②参加在本地举行的集会,一般应提前五分钟以上进入会场;③参加在外地举行的集会,则最好提前一天报到。

8. 保持肃静、不得逃会

当发言者或主持者在集会上讲话时,不允许任何听众有意起哄,或直接制造对其有碍的噪音。例如,听众在集会进行期间,不应在会场上使用手机,不应吃东西、喝饮料等。

当听众与主持者、发言者或集会的组织者的意见相左时,不应当在对方发言时予以打断,不能大声予以斥责、议论、拍打桌椅等。听众不可对发言者鼓倒掌。

在整个开会过程中,包括听众在内的任何人都不应当随意走动,或与周围的人交头接耳。

一旦参加集会,就要自觉地坚持到最后,而不宜找任何借口在集会举行期间半路脱逃。如确有特殊原因需要中途离去,一定要在离开之前向有关方面的负责人正式请假。

9. 专心倾听、有备而来

要进行充分的休息;要自理好其他工作;要预备好必要的辅助工具;要认真阅读集会下发的材料。

10. 聚精会神、进行笔录

在参加集会时,唯有聚精会神、全神贯注,方能汲取他人发言的精华,抓住其要点。在会上进行记录,可根据本人的条件与集会的规定,酌情采用笔记或者录音的方式。如果会议不允许记录,一定要遵守此项规定。

二、舞会

舞会,是以参加者自愿相邀共舞为主要活动项目的一种文娱性社交聚会,是人际交往特别是异性之间交往的一种轻松、愉快的良好形式。

(一) 舞会的组织

1. 举办时间、时机

举办舞会,应"事出有因"。例如,庆祝生日、纪念结婚、晋职升学、欢度佳节、出国留学、荣获嘉奖、款待贵宾等。此外适合举办舞会的时间可以是周末、节日、假日,或对外交往、应酬活动之余。

2. 时间长短

举办舞会,时间长短应有限制,事先最好确定,并告知参加者。确定舞会时间要考虑两点:一是不要令参加者过度疲劳;二是不要有碍于工作、学习、生活和休息。舞会最适合于傍晚开始举行,并以午夜前结束为好,最好控制在两小时以内。

3. 场地的选择

举办地点首先需要考虑实际参加人数的多少。举办小型舞会,可选择自家的客厅、庭院或是公园、广场;而举办大型舞会,则宜租借学校的俱乐部或营业性舞厅。同时要在选择地点时考虑以下因素:实际档次、安全状况、交通条件、配套设施、所需费用。

4. 选择舞池

选择舞池时应注意四个细节。
①面积大小。一般的规则是:舞池面积的大小应与跳舞的总人数大致呈正比,并以人均一平方米为最佳。
②地面状况。必须保证其平整而干净。
③灯光设置。必须要求舞池的照明符合常规的标准,并要使之在柔和之中又有所变化。
④休息用具。应在舞池四周安放好足够数量的桌子和椅子,以供跳舞者休息时用。

5. 曲目

选择、安排舞会曲目时应注意以下五点:在选择上从众、在风格上交错、在数目上适量、在习惯上依例、在演奏上审慎。

6. 来宾邀请

组织者对舞会来宾的邀请,既要早做,又要认真做好以下几点。
(1) 来宾的邀请。
凡是正规的舞会,均须向其参加者发出正式的邀请。先要正式确定舞会参加者的名单,名单一旦确定,尽早以适当的方式向对方发出正式邀请。常用的有口头邀请、电话邀请、书面邀请等几种方式。

(2) 人员的限量。

邀请来宾要在总体上对其数量加以适当的控制。组织者在兼顾舞会宗旨的同时,必须以舞池面积为重要依据,据此规定参加者的具体数量,并认真掌握。

(3) 性别的比例。

要保证每个人的相邀共舞之人不是同性,舞会的组织者就要采取适当的措施,以保证舞会的全体参加者在总量上做到男女比例基本上各占一半。

7. 接待工作

正规舞会的来宾接待工作,主要是要确定舞会的主持人、招待员,准备好待客的茶点,并布置好宾客的迎送工作。

8. 主持工作

正规的舞会,需要由一位经验丰富、具有组织才能和临场反应敏捷的人士充当主持人。主持人一般由女士担任。主持人一方面要有意识地控制、调整场内情绪,使舞会始终保持欢快、热烈的气氛;另一方面,要代表舞会的主办单位或主办者,出面与舞会的参与者接洽应酬。

9. 招待工作

舞会的主办单位或主办者须组织一支主要由青年男女组成的招待来宾的队伍。其主要职责有如下几点。

①迎送来宾。
②陪同重要客人。
③为来宾提供必要的服务。
④邀请单身前来的嘉宾共舞。
⑤为遭到异性纠缠的客人排忧解难。

10. 迎送工作

欢迎来宾通常是在舞会规定的开场时间之前,由主办单位的负责人、舞会的主持人率领招待人员列队在舞场入口处,一一与来宾握手寒暄,直至舞会正式开始为止。来宾欢送的具体做法与此相似,也可不安排来宾的欢送。

(二) 舞会中的礼仪

舞会的所有参与者均须注重其个人的行为举止。

1. 个人妆饰

(1) 仪容。

提前进行沐浴,并梳理好适当的发型。男士务必剃须,女士在穿短袖或无袖的服装时,应剃去腋毛。特别要注意个人口腔卫生,清除口臭,并禁食气味刺激的食物。外伤患者、感冒患者以及其他传染病患者,应自觉地不参加舞会。

(2) 化妆。

男士化妆的重点通常是美发、护肤和祛除体味。女士化妆的重点则主要是美容和美发。舞会妆允许化得相对浓烈一些,但切勿搞得怪诞神秘,除非有特别的主题要求。

(3) 服装。

舞会着装的基本要求是干净、整齐、美观、大方。优先考虑礼服、时装以及本民族的民族服装。不允许戴帽子、墨镜,不可以穿拖鞋、凉鞋、旅游鞋。不允许穿外套、军装、警服、工作服。

2. 邀人共舞

常规宜邀请异性。通常讲究由男士邀请女士,不过女士可以拒绝。忌讳邀请同性,邀请人只邀请一次。

(1) 选择舞伴。

自选舞伴宜选如下八类:年龄相仿之人、身高相当之人、气质相同之人、舞技相近之人、少人邀请之人、未带舞伴之人、希望结识之人、打算联络之人。

(2) 按顺序邀请舞伴。

要与自己一起来的同伴同跳开场曲、结束曲,除可以酌情自选舞伴之外,还须按照某些既定的顺序,邀请其他舞伴。舞会上演奏的第二支舞曲开始,男主人应当前去邀请男主宾的女伴跳舞,而男主宾则应回请女主人共舞。男主人还须依次邀请在礼宾序列上排位第二、第三⋯⋯的男士的女伴各跳一支舞曲,被邀女士之男伴则应同时回请女主人共舞。

来宾方面,下列女士都是男宾应当依礼相邀共舞一曲的人选:舞会的女主人、被介绍相识的女士、遇到的女性故旧、坐在自己身旁的女士。

(3) 拒绝邀舞。

回绝他人的邀请,需注意态度和措辞,态度要友好。口头拒绝对方时,最好起身相告具体原因,并且勿忘向对方致歉。被人拒绝后,不要自找没趣、赖着不走或胡搅蛮缠。拒绝一个人的邀请之后,不要马上接受他人的邀请。拒绝别人时,应在说明具体原因时使用某种专用的进行暗示的托词。最常见的托词有六种:"已经有人邀请我了。""我累了,需要单独休息一会儿。""我不会跳这种舞。""我不喜欢跳这种舞。""我不熟悉这首舞曲。""我不喜欢这首舞曲。"

(4) 舞姿文雅。

标准的行为:步入舞池时,须女先男后,跳舞的具体过程中讲究男先女后,一曲舞毕,男士应当将自己所请的女士送回其原来的休息之处,道谢告别之后,才能再去邀请其他女士。运步时的方向:在变换各种方向时,均应以自己左脚或右脚的前脚掌为轴按照逆时针方向进行。跳舞之时的身姿:每个人在跳舞时,身体都应保持平衡,步法切勿零碎、杂乱。曲终后的致谢:当有乐队伴奏时,一曲舞毕,跳舞者应首先向乐队立正鼓掌,以示感激。

三、晚会

晚会,是指以演出文娱节目为主要内容的群众性聚会。校园文化生活丰富多彩,主要从举办和参与两个方面来讲述,具体情况如下。

(一) 筹备晚会

晚会组织者必须认真做好晚会前后所有准备工作,并采取各种必要的措施,有备无患,从而确保晚会圆满顺利开展。

1. 确定主旨

在选定晚会的形式与内容时,注意内容健康向上、生动有趣,节目的形式则应当生动活泼、轻松欢乐,既有新奇之处,又为广大观众所喜闻乐道。既要"娱人",又要"教人"。

2. 斟酌类型

晚会以目的作为划分标准有以下四种类型。

①专题性晚会。指为了反映某一主题,并以其为中心的晚会。

②娱乐性晚会。指为了寻求放松、找寻乐趣而举办的纯娱乐性质的晚会。

③综合性晚会。指由组织者按照一定的艺术构思,把各种各样的文艺节目综合起来,并将其有序地安排在一起进行演出的晚会。

④专场性晚会。指以专门演出某一具体形式的文艺节目为主的文艺晚会。

举办晚会并在选择晚会的具体类型时,一方面要注意它与主题是否协调,另一方面则必须兼顾组织者自身的实际能力。

3. 安排节目

安排晚会的文艺节目时应注意两点。一是晚会的长度,举行一场综合性晚会,时间上应当以1~2小时为宜。一个节目大体上以5~8分钟为佳,各个节目之间应当留出充分的间隔时间。二是节目的交叉,要有意识地将不同风格、不同水准、不同内容的节目进行交叉安排。

4. 准备节目

确定晚会上演的文艺节目后,务必将它们具体落实到专人,不仅要有专人负责排练、演出,而且还要有专人负责检查、督促。在具体准备节目时,既可以由上而下地由组织者进行布置,也可以自下而上地由单位或者个人自行报名,并由组织者最后定夺。必须确保节目的质量。

5. 印制节目单

节目单是专门为晚会印制而成的说明书。通常列有将在晚会上正式上演的节目的具体名称、形式以及演职人员的姓名。有外宾参加的应以中文、英文或主宾所在国法定文字相结合的文字进行印制。

6. 确定场地

举行晚会所用的场地,组织者必须审慎选择并考虑周全,包括舞美、传声、灯光效果等。

7. 观众场地

选择观众场地时,既要使之服从于演出场地的选择,又要认真考虑其安全程度与总体容量。要努力确保每名入场者一人一座。所有的入场者均须持票入场,并对号就座。当场地条件欠佳,需要观众自带座椅时,最好要求其列队入场。当条件不足,难以为观众提供座椅时,亦须采取措施,方便观众观看节目。

8. 安排人员

晚会参与者由观众与演职人员等两部分人员所组成。晚会人员问题的重点是演职人员的挑选与安排,特别要重视对演员、报幕员以及舞台监督的选择。

9. 舞台监督

担任舞台监督者要头脑冷静,处事果断,观察入微,为人公道,知识渊博,经验丰富,善于协调,并具有较强的组织才能。

（二）参与晚会

1. 演员的礼仪

（1）合乎礼仪，尽心表演。

演员在晚会上要做到以下三点。一要恪尽职守，不可以临时变卦、拒不到场，或者拒绝登台。二要尽心尽力，努力发挥出自己的最佳水准，不要在表演时自作聪明、敷衍观众。三要格调高雅，勇于探索，不可以自轻自贱，或肆无忌惮地哗众取宠。

（2）尊重观众。

演员能否尊重观众，比其演技的高低更为重要。在登台或下台时，要向观众欠身施礼问好。演出完毕，若有观众献花，应不卑不亢地欣然接受，并与其握手道谢。当晚会的全部节目演完之后，全体演员应登台谢幕。

（3）善待同行。

演员之间要相互支持、积极合作，齐心协力确保晚会顺利开展。对晚会节目的具体安排，要认真服从、认真遵守。需要自己配合其他演员的演出，要尽力而为。倘若晚会对演出节目要进行评比奖励，一定要心平气和、尊重公论。

2. 观众的礼仪

（1）提前入场。

在演出正式开始之前的一刻钟左右，观众即应进入观众席。这既是为观众自身着想，又维护了演出秩序。

（2）对号入座。

根据入场券找寻自己对应的座位，若有领位员在场，最好请其带路或予以指点。没有领位员则最好从左侧向前行进，逐排寻找。走向自己的座位时，如果需要从其他已经落座的人士面前通过，应先向对方说一声"对不起"，随后面向对方侧身通过。当自己的座位上已有他人时，应当先向对方出示自己的入场券，说明该座位属于自己，并客气地请对方让开。在自己座位上就座时，要做到悄无声息、坐姿优雅。观众一旦在自己的座位上就座，就不宜再进进出出，不可乱调、乱占其他空位。

（3）专心观看。

不要交头接耳，不要高谈阔论，不要接打电话，不要大吃大喝，不要随便走动，不要影响他人。

（4）鼓励演员。

当演员登台表演或演完退场时，观众应当热情、友好地对演员鼓掌。当演员的表演异彩纷呈，或完成了高难度的演出动作时，观众可在适当时为之热烈欢呼，并鼓掌祝贺。如果遇见演员在演出之中出现个别失误，观众应予以谅解，不要喝倒彩。当演出完全结束，演员集体登台列队谢幕时，全体观众应一致起立鼓掌，再次感谢演员的精彩表演与辛勤劳动。

（5）依次退场。

在文艺节目的演出期间，晚会的观众一般不允许提前退场。当演出结束后，观众退场时应当依次而行。

第五节 就餐礼仪

一、中餐礼仪

中餐礼仪,是中华饮食文化的重要组成部分。学习中餐礼仪,需注意掌握用餐方式、时间地点的选择、菜单安排、席位排列、餐具使用、用餐举止等六个方面的规则和技巧。

(一) 几种常见的用餐方式

以下主要介绍宴会、便餐、工作餐(包括自助餐)等具体形式下的礼仪规范。

1. 宴会

宴会通常指的是以用餐为形式的社交聚会。可以分为正式宴会和非正式宴会两种类型。正式宴会,是一种隆重而正规的宴请。它往往是为宴请专人而精心安排的,在比较高档的饭店,或是其他特定的地点举行的,讲究排场、气氛的大型聚餐活动。对于到场人数、穿着打扮、席位排列、菜肴数目、音乐演奏、宾主致辞等,往往都有十分严谨的要求和讲究。非正式宴会,也称为便宴,也适用于正式的人际交往,但多见于日常交往。它的形式从简,偏重于人际交往,而不注重规模、档次。一般来说,它只安排相关人员参加,不邀请配偶,对穿着打扮、席位排列、菜肴数目往往不做过高要求,而且也不安排音乐演奏和宾主致辞。

2. 便餐

便餐也就是家常便饭。用便餐的地点往往不同,礼仪讲究也最少。只要用餐者讲究公德,注意卫生、环境和秩序,在其他方面就不用介意过多。

3. 工作餐

工作餐是在商务交往中具有业务关系的合作伙伴,为进行接触、保持联系、交换信息或洽谈生意而用用餐的形式进行的商务聚会。它不同于正式的工作餐、正式宴会和亲友们的会餐。它重在一种氛围,意在以餐会友,创造出有利于进一步进行接触的轻松、愉快、和睦、融洽的氛围。它是借用餐的形式继续进行的商务活动,把餐桌充当会议桌或谈判桌。工作餐一般规模较小,通常在中午举行,主人不用发正式请柬,客人不用提前向主人正式进行答复,时间、地点可以临时选择。出于卫生方面的考虑,最好采取分餐制或公筷制的方式。

在用工作餐的时候,还会继续商务上的交谈。但需要注意的是,这种情况下不要像在会议室一样,进行录音、录像,或是安排专人进行记录。非有必要进行记录时,应先获得对方首肯。

工作餐是主客双方"商务洽谈餐",所以不适合有主题之外的人加入。如果正好遇到熟人,可以打个招呼,或是将其与同桌的人互做一下简略的介绍,但不要擅作主张,将朋友留下。万一有不识相的人"赖着"不走,可以委婉地下逐客令:"您很忙,我就不再占用您宝贵时间了"或是"我们明天再联系,我会主动打电话给您"。

4. 自助餐

自助餐是近年来借鉴西方的一种现代用餐方式。它不排席位，也不安排统一的菜单，是把能提供的全部主食、菜肴、酒水陈列在一起，用餐者根据个人爱好，自己选择、加工、享用。

采取这种方式，可以节省费用，而且礼仪讲究不多，宾主都方便；用餐的时候每个人都可以悉听尊便。在举行大型活动，招待为数众多的来宾时，安排自助餐，也是最明智的选择。

（二）慎重选择时间、地点

根据人们的用餐习惯，依照用餐时间的不同，中餐分为早餐、午餐、晚餐三种。确定正式宴请的具体时间，主要要遵从民俗惯例，主人不仅要从自己的客观能力出发，更要讲究主随客便，要优先考虑被邀请者。如果可能，应该先和主宾协商一下，力求两厢方便。要尽可能提供几种时间上的选择，以显示自己的诚意，并要对具体时长进行必要的控制。

在社交聚餐的时候，用餐地点的选择非常重要。

（1）环境优雅，宴请不仅仅是为了"吃东西"，也要"吃文化"。要是用餐地点档次过低，环境不好，即使菜肴再有特色，也会使宴请大打折扣。在可能的情况下，一定要争取选择清静、优雅的地点用餐。

（2）卫生条件良好，确定社交聚餐的地点，一定要看卫生状况怎么样。如果用餐地点太脏、太乱，不仅卫生问题让人担心，而且还会破坏用餐者的食欲。

（3）交通方便，要充分考虑到，聚餐者来去交通是不是方便，有没有公共交通线路通过，有没有停车场，是不是要为聚餐者预备交通工具等一系列的具体问题，以及该地点设施是否完备。

（三）怎样安排"完美"菜单

根据人们的饮食习惯，与其说是"请吃饭"，还不如说是"请吃菜"，所以对菜单的安排尤为重要。它主要涉及点菜和准备菜单两方面的问题。

点菜时，不仅要吃饱、吃好，而且必须量力而行。如果为了讲排场、装门面，而在点菜时大点特点，甚至乱点一通，不仅对自己没好处，而且还会招人笑话。在选择菜品的时候一定要心中有数，力求做到不超支，不乱花，不铺张浪费。可以点套餐或包桌，这样费用固定，菜肴的档次和数量相对固定、省事。也可以根据"个人预算"，在用餐时现场临时点菜。这样不但自由度较大，而且可以兼顾个人的财力和口味。

被请者在点菜时，或是告诉做东者，自己没有特殊要求，请随便点，这实际上正是对方欢迎的；或是认真点上一个不太贵、又不是大家忌口的菜，再请别人点。别人点的菜，无论如何都不要挑三拣四。

一顿标准的中餐大菜，不管什么风味，上菜的次序都相同。通常，首先是冷盘，接下来是热炒，随后是主菜，然后上点心和汤，最后上果盘。如果上咸点心的话，讲究上咸汤；如果上甜点心的话，就要上甜汤。不管是不是吃大菜，了解中餐标准的上菜次序，不仅有助于在点菜时巧做搭配，还可以避免因为不懂而出洋相、闹笑话。

在宴请前，主人需要事先对菜单进行再三斟酌。在准备菜单的时候，主人要着重考虑哪些菜可以选用、哪些菜不能选用。

点菜时优先考虑的菜肴有四类。

第一类，有中餐特色的菜肴。宴请外宾的时候，这一条更要重视。像炸春卷、煮元宵、蒸饺子、狮子头、宫爆鸡丁等，因为具有鲜明的中国特色，所以受到很多外国人的推崇。

第二类，有本地特色的菜肴。比如西安的羊肉泡馍，湖南的毛家红烧肉，上海的红烧狮子头，北京的涮羊肉等。宴请外地客人时，上这些特色菜，要比千篇一律的生猛海鲜更受好评。

第三类，本餐馆的特色菜。很多餐馆都有自己的特色菜。上一份本餐馆的特色菜，能说明主人的细心和对被请者的尊重。

第四类，主人的拿手菜。举办家宴时，主人一定要当众露上一手，多做几个自己的拿手菜。其实，所谓的拿手菜不一定十全十美。只要主人亲自动手，单凭这一条，足以让对方感觉到你的尊重和友好。

在安排菜单时，还必须考虑来宾的饮食禁忌，特别要对主宾的饮食禁忌高度重视。这些饮食方面的禁忌主要有四条。

第一，宗教的饮食禁忌，这一点绝不能疏忽大意。例如，穆斯林禁食猪肉，并且不喝酒；佛教徒是素食者，不吃荤腥食品。

第二，出于健康的原因，对于某些食品，也有所禁忌。例如，心脏病、脑血管、脉硬化、高血压和中风后遗症的人，不适合吃狗肉；肝炎病人忌吃羊肉和甲鱼；胃肠炎、胃溃疡等消化系统疾病的人也不适合吃甲鱼；高血压、高胆固醇患者，要少喝鸡汤等。

第三，不同地区，人们的饮食偏好往往不同。对于这一点，在安排菜单时要兼顾。例如，湖南人普遍喜欢吃辛辣食物，少吃甜食；欧美国家的人通常不吃宠物、稀有动物、动物内脏、动物的头部和脚爪。

第四，有些职业，出于某种原因，在餐饮方面往往也有各自不同的特殊禁忌。例如，国家公务员在执行公务时不准吃请，在公务宴请时不准大吃大喝，不准超过国家规定的用餐标准，不准喝烈性酒。再如，驾驶员工作期间不得喝酒。要是忽略了这些，极有可能使对方犯错误。

在隆重而正式的宴会上，主人选定的菜单也可以在精心书写后，每人一份，用餐者不但餐前心中有数，而且餐后也可以留作纪念。

（四）席位的排列

中餐的席位排列关系到来宾的身份和主人给予对方的礼遇，所以是一项重要的内容。中餐席位的排列，在不同情况下，有一定的差异，可以分为桌次排列和位次排列两方面。

1. 桌次排列

在中餐宴请活动中，往往采用圆桌布置菜肴、酒水。排列圆桌的尊卑次序，有两种情况。

第一种情况，由两桌组成的小型宴请。这种情况，又可以分为两桌横排和两桌竖排的形式。

当两桌横排时，桌次是以右为尊，以左为卑。这里所说的右和左，是由面对正门的位置来确定的。

当两桌竖排时，桌次讲究以远为上，以近为下。这里所讲的远近，是以距离正门的远近而言。

第二种情况，由三桌或三桌以上所组成的宴请。在安排多桌宴请的桌次时，除了要注意"面门定位""以右为尊""以远为上"等规则外，还应兼顾其他各桌距离主桌的远近。通常，距离主桌越近，桌次越高；距离主桌越远，桌次越低。在安排桌次时，所用餐桌的大小、形状要基本一致。除主桌可以略大外，其他餐桌都不要过大或过小。为了确保在宴请时赴宴者及时、准确地找到自己所在的桌次，可以在请柬上注明对方所在的桌次，在宴会厅入口悬挂宴会桌次排列示意图，安排引位员引导来宾按桌就座，或者在每张餐桌上摆放桌次牌。

2. 位次排列

宴请时，每张餐桌上的具体位次也有主次尊卑的分别。排列位次的基本方法有四条，它们往往会同时发挥作用。

方法一，主人大都应面对正门而坐，并在主桌就座。

方法二，举行多桌宴请时，每桌都要有一位主桌主人的代表在座。位置一般和主桌主人同向，有时也可以面向主桌主人。

方法三,各桌位次的尊卑,应根据距离该桌主位的远近而定,以近为上,以远为下。

方法四,各桌距离该桌主位相同的位次,讲究以右为尊,即以该桌主位面向为准,右为尊,左为卑。

另外,每张餐桌上所安排的用餐人数应限在10人以内,最好是双数。比如,六人、八人、十人。人数如果过多,不仅不容易照顾,而且也可能坐不下。

根据上面四个位次的排列方法,圆桌位次的具体排列可以分为两种具体情况。它们都和主位有关。

第一种情况:每桌一个主位的排列方法。特点是每桌只有一名主人,主宾在其右手就座,每桌只有一个谈话中心。

第二种情况:每桌两个主位的排列方法。特点是主人夫妇在同一桌就座,以男主人为第一主人,女主人为第二主人,主宾和主宾夫人分别在男女主人右侧就座。每桌从而客观上形成了两个谈话中心。

如果主宾身份高于主人,为表示尊重,也可以安排在主人位子上就座,而请主人坐在主宾的位子上。

为了便于来宾准确无误地在自己位次上就座,除招待人员和主人要及时加以引导指示外,应在每位来宾所属座次正前方的桌面上,事先放置醒目的个人姓名座位卡。举行涉外宴请时,座位卡应以中、英文两种文字书写。我国的惯例是,中文在上,英文在下。必要时,座位卡的两面都应书写用餐者的姓名。

排列便餐的席位时,如果需要进行桌次的排列,可以参照宴请时桌次的排列进行。位次的排列,可以遵循四个原则。

一是右高左低原则。两人一同并排就座,通常以右为上座,以左为下座。这是因为中餐上菜时多以顺时针方向为上菜方向,居右坐的因此要比居左坐的优先受到照顾。

二是中座为尊原则。三人一同就座用餐,坐在中间的人在位次上高于两侧的人。

三是面门为上原则。用餐的时候,按照礼仪惯例,面对正门者是上座,背对正门者是下座。

四是特殊原则。高档餐厅里,室内外往往有优美的景致或高雅的演出,供用餐者欣赏。这时候,观赏角度最好的座位是上座。在某些中低档餐馆用餐时,通常以靠墙的位置为上座,靠过道的位置为下座。

(五) 中餐餐具的使用注意事项

和西餐相比较,中餐的一大特色就是就餐餐具有所不同。在此主要介绍一下使用中经常出现问题的餐具。

1. 筷子

筷子是中餐最主要的餐具。使用筷子,必须成双使用。用筷子取菜、用餐的时候,要注意下面几个"小"问题。

(1) 不论筷子上是否残留着食物,都不要去舔。用舔过的筷子去夹菜,有失礼仪。

(2) 和人交谈时,要暂时放下筷子,不能一边说话,一边像指挥棒似的舞动着筷子。

(3) 不要把筷子竖插着放在食物上面。因为这种插法,只在祭奠死者的时候才用。

(4) 严格筷子的职能。筷子只是用来夹取食物的。用来剔牙、挠痒或是用来夹取食物之外的东西都是失礼的。

2. 勺子

勺子的主要作用是舀取菜肴、食物。有时,用筷子取食时,也可以用勺子来辅助。尽量不要单用勺子去取菜。用勺子取食物时,不要过满,免得溢出来弄脏餐桌或自己的衣服。在舀取食物后,可以在原处"暂停"片刻,等汤汁不会再往下流时,再移回来享用。

勺子暂时不用时,应放在自己的碟子上,不要把它直接放在餐桌上,或是让它在食物中"立正"。用勺子取食物后,要立即食用或放在自己碟子里,不要再把它倒回原处。而如果取用的食物太烫,不可用勺子舀来舀去,也不要用嘴对着吹，可以先放到自己的碗里等凉了再吃。不要把勺子塞到嘴里，或者反复吮吸、舔食。

3. 盘子

盘子在餐桌上一般要保持原位，而且不要堆放在一起。稍小点的盘子就是碟子，主要用来盛放食物，在使用方面和碗略同。

需要着重介绍的是一种用途比较特殊的被称为食碟的盘子。食碟的主要作用，是用来暂放从公用的菜盘里取来享用的菜肴。用食碟时，一次不要取放过多的菜肴，看起来既杂乱不堪，又像是饿鬼投胎。不要把多种菜肴堆放在一起，弄不好它们会相互"窜味"，不好看，也不好吃。不吃的残渣、骨刺不要吐在地上或桌上，而应轻轻取放在食碟前端，放的时候不能直接从嘴里吐到食碟上，要用筷子夹放到食碟旁边。如果食碟放满了，可以让服务员更换。

4. 水杯

水杯主要用来盛放清水、汽水、果汁、可乐等软饮料。不要用它来盛酒，也不要倒扣水杯。另外，喝进嘴里的东西不能再吐回水杯。

5. 湿毛巾

中餐用餐前，比较讲究的会为每位用餐者上一块湿毛巾。它只能用来擦手，擦手后，应该放回盘子里，由服务员拿走。有时候，在正式宴会结束前，会再上一块湿毛巾。和前者不同的是，它只能用来擦嘴，却不能擦脸、抹汗。

6. 牙签

尽量不要当众剔牙。非剔不可时，用另一只手掩住口部，剔出来的东西，不要当众观赏或再次入口，也不要随手乱弹，随口乱吐。剔牙后，不要长时间叼着牙签，更不要用来插取食物。

（六）用餐礼仪

任何国家的餐饮，都有自己的传统习惯和寓意，也就是我们所说的用餐礼仪，中餐也不例外。例如，过年少不了鱼，表示"年年有余"；和渔家、海员吃鱼的时候，忌讳把鱼翻身，因为那有"翻船"的意思。

用餐的时候，不要吃得摇头摆脑，宽衣解带，满脸油汗，汤汁横流，响声大作。不但失态，而且还会败坏别人的食欲。可以劝别人多用一些，或是品尝某道菜肴，但不要不由分说，擅自作主为别人夹菜、添饭。这样做不仅不卫生，而且还会让人勉为其难。

取菜的时候，不要左顾右盼，在公用的菜盘内翻来覆去、挑挑拣拣。夹起来又放回去，有失教养。多人一桌用餐，取菜要注意相互礼让，依次而行，取用适量。不要好吃多吃，争来抢去，而不考虑别人用过没有。够不到的菜，可以请人帮助，不要起身甚至离座去取。

用餐期间，不要敲敲打打、比比划划，不要吸烟。用餐时，如果需要有清嗓子、擤鼻涕、吐痰等举动，尽量去洗手间解决。

用餐的时候，不要当众修饰。例如，不要梳理头发、化妆补妆、宽衣解带、脱袜脱鞋等。如有必要可以去化妆间或洗手间。用餐的时候不要随意离开座位、四处走动。如果有事要离开，也要先和旁边的人打个招呼，可以说"失陪了""我有事先行一步"等。

二、西餐礼仪

西方用餐，人们一是讲究吃饱，二是享受用餐的情趣和氛围。为在初次吃西餐时举止更加娴熟，熟悉一下西餐礼仪是非常必要的。

(一) 用餐场合及注意事项

当被邀请参加早餐、午餐、晚宴、自助餐、鸡尾酒会或茶会，通常只有两种，一种是正式的，一种是随意的。如果去的是高档餐厅，男士要穿着整洁的上衣和皮鞋，女士要穿套装和有跟的鞋子。如果指定要求穿正式服装，男士必须打领带。

下面介绍几种最具代表性的场合及注意事项。

1. 自助餐

自助餐(也是招待会上常见的一种)可以是早餐、中餐、晚餐，甚至是茶点，有冷菜也有热菜，连同餐具放在菜桌上，供客人用。一般在室内或院子、花园里举行，来宴请不同人数的宾客。如果场地太小或是没有服务人员，招待比较多的客人，自助餐就是最好的选择。

自助餐开始的时候，应该排队等候取用食品。取食物前，自己先拿一个放食物用的盘子。要坚持"少吃多跑"的原则，不要一次拿得太多吃不完，可以多拿几次。用完餐后，再将餐具放到指定的地方。不允许"吃不了兜着走"。如果在饭店里吃自助餐，一般是按就餐的人数计价，有些还规定就餐的时间长度，而且要求必须吃完，如果没有吃完的话，需要自己掏腰包"买"你没吃完的东西。

自助餐有两种类型，坐式并且享受部分服务的是最美妙的。它将优雅的环境和轻松的气氛融于一体，这样的聚会需要一定的服务，除非它小得女主人可以应付得过来，同时也需要足够的空间容纳餐桌。另一种是不需要餐桌的，也没有服务员或者服务员很少，客人们自娱自乐，可以自带餐具和餐巾到一个自己觉得最舒适的地方，而且随时可以讨论问题。

自助餐，除了解决由于额外服务产生的问题，也解决了主人安排桌位的问题。当客人们自由选择地点时，先后次序和是否适合满意等就不是主人的责任了。而且提供了多种菜肴，客人有足够的选择余地，主人也不必担心菜式是否符合客人的口味。

2. 鸡尾酒会

鸡尾酒会的形式活泼、简便，便于人们交谈。招待品以酒水为重，略备一些小食品，如点心、面包、香肠等，放在桌子、茶几上或者由服务生拿着托盘端给客人，客人可以随意走动。举办的时间一般是下午5点到晚上7点。近年来，国际上各种大型活动前后往往都要举办鸡尾酒会。

这种场合下，最好手里拿一张餐巾，以便随时擦手。用左手拿着杯子，好随时准备伸出右手和他人握手。吃完后不要忘了用纸巾擦嘴、擦手。用完了的纸巾丢到指定位置。

3. 晚宴

晚宴分为隆重的晚宴和便宴两种。西方的习惯，隆重的晚宴也就是正式宴会，基本上都安排在晚上8点以后举行，中国一般在晚上6点至7点开始。举行这种宴会，说明主人对宴会的主题很重视，或为了庆祝某项活动等。正式晚宴一般要排好座次，并在请柬上注明对着装的要求。其间有祝词或祝酒，有时安排席间音乐，由小型乐队现场演奏。

便宴是一种简便的宴请形式。这种宴会气氛亲切友好，适用于亲朋好友之间，有的在家里举行。服装、席位、餐具、布置等不必太讲究，但仍然有别于一般家庭晚餐。

西方的习惯，晚宴一般邀请夫妇同时出席。如果你受到邀请，要仔细阅读你的邀请函，上面会说明是一个人还是先生或夫人陪同，或者携带伴侣。在回复邀请时，你最好能告诉主人他们的名字。

4. 西餐就餐注意事项

西餐的一个特点就是餐具多:各种大小的杯子、盘子、银制器具等。餐具是根据一道道不同菜的上菜顺序精心排列起来的。座位正前面放食盘(或汤盘),左手放叉,右手放刀,汤匙也放在食盘右边。食盘上方放咖啡匙和吃甜食用的匙、叉,再往前略靠右放酒杯。酒杯右起依次是:葡萄酒杯、香槟酒杯、啤酒杯(水杯)。餐巾叠放啤酒杯(水杯)里或放在食盘里。面包盘放在左手,上面的黄油刀横摆在盘里,刀刃一面要向着就餐者。正餐的刀叉数目要和菜的道数相等,按上菜顺序由外到里排列,刀口向内,用餐时按顺序由外向中间排着用,依次是吃开胃菜用的、吃鱼用的、吃肉用的等。比较正式的餐会中,餐巾是布做的。高档的餐厅餐巾往往叠得很漂亮,有的还系上小缎带。注意,别拿餐巾擦鼻子或擦脸。瓶装盐和胡椒,可以在每一套餐具中间的前面放一份,可以每两套餐具之间放一份甚至只在餐桌的中心位置放一份,这样就可以共用一份了。餐具都摆齐好以后,不要忘了餐桌的装饰物,如蜡烛台或用茶壶做的小花瓶等,都可以增添浪漫的气氛。

招待客人时不要把热水放在玻璃杯里,这样既不科学,又不安全,因为玻璃杯容易烫手。所以,热水、热茶等,应该放在瓷杯里,玻璃杯是用来装冰块或是冷水的。西方喝茶的方式和中国不一样。在中国喝茶,一般都是把茶叶直接放在茶杯里用开水冲着喝,茶叶仍在杯子里。在西方是用袋泡茶或把茶叶先放在茶壶里泡,然后把茶水倒出来喝,茶杯里不留茶叶。

就座时,身体要端正,手肘不要放在桌面上,不要跷腿,和餐桌的距离以便于使用餐具为佳。餐台上摆好的餐具不要随意摆弄。女主人拿起餐巾时(没女主人就看男主人),表示开始用餐,把餐巾铺在双腿上,如果餐巾很大就对折放腿上,盖住膝盖以上的双腿部分。

在正规的晚餐上,要等女宾放好餐巾后,男士再放餐巾。最好用双手打开餐巾,切忌来回抖动地打开餐巾。不要将餐巾别在领口上、皮带上或夹在衬衣的领口。用餐的时候,头要保持一定高度,不能太低,不能过多地移动头部。

就餐期间,如果暂时离开座位,可以把餐巾放在椅子上。千万不要把餐巾放在桌上,否则就意味着你不想再吃,让服务员不再给你上菜。

很多主人并不愿意客人在家里吸烟。如果你想吸烟,可以在上甜点之后,并得到男主人或女主人的允许,去指定的地方吸烟。不要坐在用餐的座位上,让身边的客人和你一同享受"仙境"。

(二) 西餐餐桌礼仪

西餐餐桌上必须要注意的礼仪有以下几点。

1. 西餐点菜及上菜顺序

西餐点菜应先决定主菜。主菜如果是鱼,开胃菜就选择肉类,在口味上就比较富有变化。除了食量特别大的外,其实不必从菜单上的单品菜内配出全餐,只要开胃菜和主菜各一道,再加一份甜点就够了。可以不要汤,或者省去开胃菜,这也是很理想的组合(但在意大利菜中,意大利面被看成是汤,所以原则上这两道菜不一起点)。

正式的全套餐点上菜顺序如下。

(1) 头盘。西餐的第一道菜是头盘,也称为开胃品。开胃品的内容一般有冷头盘和热头盘之分,常见的品种有鱼子酱、鹅肝酱、熏鲑鱼、鸡尾杯、奶油鸡酥盒、焗蜗牛等。因为是要开胃,所以开胃菜一般都有特色风味,味道以咸和酸为主,而且数量较少,质量较高。

(2) 汤。和中餐不同的是,西餐的第二道菜就是汤。西餐的汤大致可分为清汤、奶油汤、蔬菜汤和冷汤等4类。品种有牛尾清汤、各式奶油汤、海鲜汤、美式蛤蜊汤、意式蔬菜汤、俄式罗宋汤、法式洋葱汤。冷汤的品种较少，有德式冷汤、俄式冷汤等。

（3）副菜。鱼类菜肴一般作为西餐的第三道菜，也称为副菜。品种包括各种淡、海水鱼类，贝类及软体动物类。通常水产类菜肴与蛋类、面包类、酥盒菜肴都称为副菜。因为鱼类等菜肴的肉质鲜嫩，比较容易消化，所以放在肉类菜肴的前面，叫法上也和肉类主菜肴有区别。西餐吃鱼类菜肴讲究使用专用的调味汁，品种有鞑靼汁、荷兰汁、酒店汁、白奶油汁、大主教汁、美国汁和水手鱼汁等。

（4）主菜。肉、禽类菜肴是西餐的第四道菜，也称为主菜。肉类菜肴的原料取自牛、羊、猪、小牛仔等各个部位的肉，其中最有代表性的是牛肉或牛排。牛排按其部位又可分为沙朗牛排（也称西冷牛排）、菲利牛排、"T"骨型牛排、薄牛排等。其烹调方法常用烤、煎、铁扒等。肉类菜肴配用的调味汁主要有西班牙汁、浓烧汁、蘑菇汁、白尼斯汁等。

禽类菜肴的原料取自鸡、鸭、鹅，通常将兔肉和鹿肉等野味也归入禽类菜肴，禽类菜肴品种最多的是鸡，有山鸡、火鸡、竹鸡，可煮、炸、烤、焖，主要的调味汁有黄肉汁、咖喱汁、奶油汁等。

（5）蔬菜类菜肴。蔬菜类菜肴可以安排在肉类菜肴之后，也可以和肉类菜肴同时上桌，所以可以算为一道菜，或称为一种配菜。蔬菜类菜肴在西餐中称为沙拉。和主菜同时上的沙拉，称为生蔬菜沙拉，一般用生菜、西红柿、黄瓜、芦笋等制作。沙拉的主要调味汁有醋油汁、法国汁、千岛汁、奶酪沙拉汁等。

沙拉除了蔬菜之外，还有一类是用鱼、肉、蛋类制作的，这类沙拉一般不加味汁，在进餐顺序上可以作为头盘。还有一些蔬菜是熟的，如花椰菜、煮菠菜、炸土豆条。熟食的蔬菜通常和主菜的肉食类菜肴一同摆放在餐盘中上桌，称为配菜。

（6）甜品。西餐的甜品是主菜后食用的，可以算作是第六道菜。从真正意义上讲，它包括所有主菜后的食物，如布丁、煎饼、冰淇淋、奶酪、水果等。

（7）咖啡、茶。西餐的最后一道是饮料、咖啡或茶。喝咖啡一般要加糖和淡奶油，茶一般要加香桃片和糖。

2. 位次问题

即使来宾中有地位、身份、年纪高于主宾的，在排定位次时，仍要请主宾紧靠主人就座。男主人坐主位，右手是第一重要客人的夫人，左手是第二重要客人的夫人，女主人坐在男主人的对面。她的两边是最重要的第一、第二位男客人。现在，如果不是非常正规的午餐或晚餐，这样一男一女的间隔坐法就显得不重要了。

3. 刀叉的使用

使用刀叉时，从外侧向内侧取用刀叉，要左手持叉，右手持刀；切东西时左手拿叉按住食物，右手拿刀切成小块，用叉子往嘴里送。用刀的时候，刀刃不可以朝外。进餐中途需要休息时，可以放下刀叉并摆成"八"字形状摆在盘子中央，表示没吃完，还要继续吃。每吃完一道菜，将刀叉并排放在盘中，表示已经吃完了，可以将这道菜或盘子拿走。如果是谈话，可以拿着刀叉，不用放下来，但不要挥舞。不用刀时，可用右手拿叉，但需要做手势时，就应放下刀叉，千万不要拿着刀叉在空中挥舞摇晃。不要一手拿刀或叉，而另一只手拿餐巾擦嘴，也不要一手拿酒杯，另一只手拿叉取菜。任何时候，都不要将刀叉的一端放在盘上，另一端放在桌上。

4. 餐桌上的注意事项

不要在餐桌上化妆，不要用餐巾擦鼻涕。用餐时打嗝是大忌。取食时，拿不到的食物可以请别人传递，不要站起来。每次送到嘴里的食物别太多，在咀嚼时不要说话，就餐时不可以狼吞虎咽。对自己不愿吃的食物也应要一点放在盘中，以示礼貌。不应在进餐中途离席。确实需要离开时，要向左右的客人小声打招呼。饮酒干杯时，即使不喝，也应该将杯口在唇上碰一碰，以示敬意。当别人为你斟酒时，如果不需要，可以简单地说一声"不，谢谢！"或以手稍盖酒杯，表示谢绝。进餐过程中，不要解开纽扣或当众宽衣。如果主人请客人宽衣，男客人可以把外衣脱下搭在椅背上,但不可以把外衣或随身携带的东西放到餐桌上。

思考题:
1. 有哪几种常见的自我介绍方式?该如何进行得体的自我介绍?
2. 称呼有哪些特征和忌讳?
3. 不标准的握手方式有哪些?应如何避免?
4. 常见的握手礼规有哪些?
5. 大学生怎样才能养成良好的用餐习惯?
6. 使用手机时怎样才能做到讲究社会公德?
7. 收发手机短信和使用网络聊天工具聊天时应注意哪些礼仪规范?

第八章

大学生求职礼仪
DAXUESHENG QIUZHI LIYI

学习目标：通过本章学习，使大学生了解并帮助其做好求职应聘的准备工作，充分发挥大学生各自在求职中的优势，理解并掌握基本的求职礼仪，提高求职的成功率。

重点、难点：重点是掌握并做好求职前的各项准备工作，掌握不同职业对求职者的不同要求，灵活运用求职中应注意的礼仪事项和求职后的礼仪要求；难点是运用好求职中的应对技巧。

求职是人生目标的选择，在现代社会生活中越来越重要。每一位大学毕业生都渴望找到一个能发挥自己聪明才智的舞台，成就一番事业。每到毕业前夕，大学生们常常往返于各种人才交流会、招聘会，通过与用人单位"供需见面"的求职方式来寻求理想的工作。但求职面试的时间很短，招聘单位如何选择适合的人才呢？

现代市场经济需要的是综合型、应用型的人才。求职者只具备了高等的学历和丰富的知识是不行的，还要有能力。"教养体现于细节，细节展现素质"，小事情、小细节往往会透露出一个人的内心世界，显现出一个人的本质。因此，招聘单位通过对应聘者言谈举止的观察，来了解他们的内在修养、内在气质，并以此来确定其是否是自己需要的人选。优秀的综合素质不是短时间靠突击就能具备的，需要长时间的培养。所以，作为一名即将步入职场的大学生，就要在校园里时刻注意自己的言行举止，训练自己的礼仪风度，表现出自己的良好专业知识和修养，以获得日后成功步入职场的第一步。

第一节
求职前的准备工作

一、知己知彼，明确目标

常言道"机会总是眷顾有准备的人"，求职前我们需要对自己和应聘单位做全面客观的认识，弄清楚应聘单位需要什么样的人，自己是不是该单位所需要的那种人。求职的过程是一种双向选择的过程，在确定求职意向的时候，首先"知己"而后"知彼"，不要盲目出击。

所谓"知己"，就是客观地、实事求是地认识自己，全面了解自己的长处和短处，正确地评估自己，客观地认识自己，做到扬长避短，才能在竞争激烈的人才市场上成为求职的胜利者。所谓"知彼"，就是要了解社会需求，了解行业、应聘单位的客观情况和需求状况，同时尽可能地了解竞争者的有关情况。作为一个求职者，应该对应聘单位有一个全面的了解，要熟悉该单位的基本情况，如单位性质、背景、发展历史、发展理念、发展前景、经济效益、企业形象、企业文化、机构设置、招聘原则、组织结构、当前突出问题、经济待遇等等。同时，还需要了解此次面试的要求及规则，面试考官的基本情况，以及竞争对手的有关情况。这样才能打好有准备之仗。

大学毕业生在择业时如何才能找到自己合适的岗位呢？要牢牢把握住以下四个定位。

（一）求职心态要定位

大学毕业生要有良好的求职心态，要懂得诚信、知足和珍惜，千万不能联系到一个已经不错的单位，还感觉下一个也许会更好，把自己套在整天忙着与多家用人单位签订就业意向的绳索上，这样会把自己搞得很疲惫，到最后肯定是"丢了西瓜,也许连芝麻都捡不到了",最重要的一点是你在多家单位中同时周旋,你的诚信在忙碌中已经丧失殆尽了。

(二)择业方向要定位

"方向不明,方寸必乱。"大学学习专业是确定择业方向的基本条件,抛弃了专业在激烈的求职中你还具备多少优势呢?因此,大学毕业生择业时一定要发挥自己的专业优势,选择那些符合自己专业特点的用人单位。千万不能感觉现在什么岗位吃香、什么职业待遇好,就去和那些是本专业的同学争,没有专业基础,你又如何能够取胜呢?结果不仅会损失很大的时间、精力、物力和财力,同时你也会丧失了很多不错的就业机会。

(三)自身实力要定位

俗话说:"能力决定一切。"择业时要针对招聘标准,参照对比自己的实际情况,看看自己是否具备足够的优势。所谓"知己知彼、百战不殆",指的实际上就是一种了解自己、选择自己之后,让他人也能正确地了解和选择你的一种能力,换句话说:就是让企业来了解你、选择你。

(四)洽谈态度要定位

供大于求的就业市场,决定了招聘方与应聘方的角色,招聘方是"买方",应聘方是"卖方"。所以,大学毕业生求职时要去掉"天之骄子"的光环,认清目前的就业形势,遵循职场的礼仪规范,在与招聘方洽谈协商时要给招聘负责人留下一个谦虚谨慎、认真踏实、专业出众、能力不俗、潜力无穷、勤奋敬业的良好风貌,体现出良好的风度气质。

综上所述,求职前按照"合适的才是最好的"原则、把握住"四个定位"的意义,知己知彼,才能有效地降低择业成本,最大限度地提高就业成功率。

二、资料答题,准备充分

(一)应聘资料的准备

如果说求职的过程是一个推销自我的过程,那么,应聘资料就像广告和说明书一样,一份高质量的应聘资料无疑是求职时一块重要的敲门砖。

一份完整的应聘资料应包括个人简历、求职信和相关的证明材料复印件,一些企业还要求有学校(系)的推荐信。

1. 个人简历

(1)简历要"简"。一般的简历一页就足以概括基本信息。

(2)重点突出。如有多个求职目标,最好多写几份不同的简历,在每一份简历中都突出重点,会使求职者显得与众不同,以便获得招聘者更多的青睐。

(3)真实准确。不诚实既会让你人格受损,也会让你错失良机。

(4)用词得当。具体数据的使用比用"大量""很多"等词更让人信服。

2. 求职信

求职信是求职者向用人单位或单位领导人介绍自己的实际才能、表达自己就业愿望的一种书信。多数用人单位都要求求职者先寄送求职材料,由他们通过求职材料对众多求职者有一个大致的了解后,再通知面试或面谈人选。因此,求职信写得好坏将直接关系到求职者是否能进入下一轮的角逐。

①求职信的内容:个人情况和用人消息来源;申请的工作单位;胜任工作的条件;表示面谈的愿望;合格的照片。

②求职信书写礼仪:全面真实地介绍自己的情况;反复斟酌字句,不要写错别字;书写简明扼要,但重点要突出;不要过分强调学习成绩和工作能力;介绍特长时应真实、具体,不要泛泛而谈;书写用钢笔书写,采用正确的格式,必须干净、整齐;书写篇幅在二页以内,太长了,对方没时间看,太短也不行,自己的情况介绍不详细,不易吸引人;如果是打印,应用漂亮的字体,讲究格式。

3. 相关证明材料

对简历中所提到的相关内容的进一步证明,包括成绩单、获奖证书、英语等级证书、计算机等级证书、各类专业技能等级证及发表过的作品、论文等的复印件,按照先后顺序编号附在简历和求职信的后面。

4. 推荐信

一些外资企业需要求职者在求职时要有推荐信,推荐人可以是自己学校的老师,也可以是校方有关部门出具的证明,并加盖公章。如果是社会人士求职,推荐信可由原工作单位出具。

(二) 面试答题的准备

面试是求职者求职择业的关键环节,用人单位要通过这一环节考察应聘者的素质、能力和其他各方面的条件,以决定是否录用。因此,面试答题是求职中至关重要的一个环节,要做好充分准备。

实际上,从求职者接电话开始就是考试了。所以,当你一旦发出简历,要随时做好对方打电话来的准备,要准备好纸、笔和简历放在电话旁边。接到电话首先问:"您好!"当对方通知你面试时,不要过于激动,要平和地说:"谢谢!"认真听对方讲面试的时间、地点、方式及要求,边听边记,然后复述一遍跟对方再次确认。其次提出自己想了解的相关问题,准确记下给你打电话的人的名字、电话号码和地址,特别要记住联系人。结束前再次表示感谢说"再见!"等对方挂电话后方可挂电话。

在用人单位的面试过程中,最大的困难就是如何回答面试人员的问题。其实如果你能够好好准备,加上临场镇定的表现和充分发挥,针对不同类型的问题,以不同的方式应答,灵活机动,就能有助你轻松过关,争取求职成功。

1. 浅显问题深入答

有些面试题,看上去浅显、简单,如果不注意,很容易回答得肤浅,停留在表面的理解。

2. 深奥问题简单答

有些面试题,感觉理论性太强,一时难以把握。其实只要我们仔细分析,联系自己所掌握的知识,用简单的事实和道理去解析,就能跳出约束。

3. 原则问题坚定答

对于那些政策性、原则性较强的问题,应聘者要坚定地按党的方针政策、党纪国法的规定等标准认真分析评价问题,要体现出应聘者的思想原则。

4. 陌生问题伸展答

面试者最怕的莫过于遇到自己不熟悉的陌生问题。如果遇到了,首先一定要保持镇定,然后再尽量去搜索自己脑海中的知识库，找寻相关的资料，结合自己学习和生活中的日常积累伸展发挥。要实事求是，态度诚恳。

5. 实践问题总结答

那些实践性的面试题，目的是考察应聘者的一些经历和体验。在回答此类问题时，要注意归纳总结，使之具有条理性。

（三）整理必备物资

面试前，应把自己准备带去参加面试的文件包整理一番，带上必备用品，这是面试礼仪中最应该避免的疏漏。

（1）求职记录本应该随时带在身边，以便记录最新情况或供随时查询。

（2）除了随身携带必要的证书、文凭、照片等常规物品外，还要带好几份完整的应聘资料。

（3）文件包要整理整齐。面试时的细小行为最能说明一个人的真实情况，所谓"细节决定成败"，招聘单位从细节中可以看出这位求职者的条理性。一个自己包内物品都弄得杂乱无章的人，很难在工作中有条理。

三、调整心态，自信大方

大学毕业生择业的过程，是一个复杂的心理变化过程。面对严峻的就业形势，面对众多的竞争对手，要想获得自己理想的工作，一定要有充分的心理准备，调整好自己的心态，以沉着自信的良好形象去应对求职过程中可能面对的各种情况。

每一位求职者都希望能够拥有一份理想的工作，但在面试的特定情景中，多数的求职者经常是面试还没开始，就已进入了一种沉闷的自我混乱状态之中，被焦虑、不自信等莫名的情绪控制着。在面试之前，明智的求职者就应该用积极的心态来消除负面心理的影响，激发自己内在的能动力，挖掘自己外在的创造力，满怀信心地在接下来的面试中一展自己的风采。

（一）亮出自己，不苛求完美

"金无足赤，人无完人"，我们要在面试中全面而准确地展现自己的风采。不必自怨自艾，不必妄自菲薄，不必在面试官严厉的目光下，怕暴露自己的缺点而动摇信心，要多想想自己的优点和长处，亮出自己，不苛求完美。

（二）树立信心，不自我设限

要有沉着自信的求职心态。求职的过程就是把自己的素质、能力展现给用人单位，以便于用人单位选择的过程，这是你人生无数次经历中的一次经历而已。在面试时学会淡然地面对面试官审视的目光，沉着自信地接受对方的挑选。千万不要在心理上无限度地夸大面试中的每一个因素，对各种因素过分夸大，会让你无法自如地展现自己，一旦在心理上接受某个假设，你将一步一步地踏入自我设定的陷阱中，从而严重地影响到你的理性判断力，而这正是面试中至关重要的内容。

（三）不卑不亢，落落大方

面试是一种特殊的人际互动模式。而人际交往的合理原则是，既要顾及他人的需要，也要考虑自身的需要。自高自大令人讨厌；自轻自贱令人可怜。面试中，要做到不卑不亢，不要刻意地去讨好主考官。不妨设想，现在你代表着某单位去做面试官,你愿意为自己单位招录一个唯唯诺诺、毫无主见的人吗?只有充分展现自我,自信、得体,才会获得面试官的青睐。

第二节 求职中的基本礼仪

一、注重仪表,树立形象

两个素不相识的人,第一次见面时彼此留下的印象,叫"第一印象"。人与人之间的相互交往、人际关系的建立,往往都是从第一印象开始的。第一印象是一种直觉,想要在求职时获得考官良好的第一印象,那么面试时的形象设计很重要。你的服饰、你的视线、你的态度以及你讲话的相貌、嗓音、说话频率和速度等,凡是能够用眼睛看到,用耳朵听到的信息往往要比你所说的内容更为深刻。"外貌是一种视觉简历","第一印象"在无形中会左右着主考官的判断。

(一)妆饰庄重适度

参加面试之前,大学毕业生要适度妆饰自己。第一,要洗澡,保持体味清新;第二,要注意脸部的清洁卫生,男性要剃须,女性要化淡妆,切忌浓妆艳抹;第三,养成良好的口腔卫生习惯,要保持牙齿的清洁;第四,要清洁头发,发型适度,符合身份,男性发型要大方有朝气,不可求新、求怪,更不可染发,女性的发型不能过于时尚,也不要染过艳的颜色,面试时最佳发型应是梳理整齐的头发,给考官一个成熟稳重精明的印象;第五,要注意手部的清洁,指甲缝里不能有污垢,不要留长指甲或染指甲;第六,佩戴首饰要适度,少戴为佳,切忌佩戴过于炫目、怪异的首饰。

(二)着装端庄得体

求职面试是一种有目的的交际活动,面试的着装会影响到主考官对求职者的第一印象,一定要慎重行事。求职装没有刻板的模式,视场合和对象而定,但你的着装必须体现你的知识结构、专业水平、文化品位、职场能力。一般来说,求职者的着装应与社会时尚相协调,做到既高雅端庄,又大方得体,使不同层次的人都能够欣赏接纳。所以,求职装既要有大众化的特征,又要避免流俗。样式尽可能简单大方,色彩上也应慎重,太多色彩和太花哨的纹样不要选择,避免前卫大胆的装束。

男性求职面试以穿深色西装为宜,要求同色配套,最好配白衬衫,一定要系领带,领带样式、颜色及图案要与西服、衬衫相协调。去应聘时,男同学没有必要购买价格昂贵的西装,视自己的经济能力,合适就行。穿西装一定要穿皮鞋,最好是黑色皮鞋,不能穿旅游鞋、便鞋和凉鞋,否则不伦不类。穿皮鞋还应配上合适的袜子,最好是全棉的袜子,袜子颜色要比西装颜色深一些,千万不要穿白色或透明的袜子。

女性着装较男性着装更富于变化。男装要求同色配套,女装可在不同套之间进行搭配,不同颜色之间可互相映衬。去应聘的女同学,可根据自身条件及所招聘的职位情况,首选正规的职业女装,套装、套裙都行,也可根据自身条件选择上衣下裤,或上穿便装下穿一件简洁素雅的长裙,清新自然,又不失大学生的身份。裙装不要太短,以过膝为宜。穿裙装应配连裤袜,以肉色为宜,不要穿有花纹、有洞或线补过的袜子,更忌穿短袜。面试时,要穿高跟皮鞋,以黑色为宜,注意保持皮鞋的干净清洁。忌穿露肩、露胸、露腰的服装。

大学生的求职装扮实际上表达了自己的内在素养。在应聘时求职者的外表也许会比他们的语言更具说服力。当求职者身着最得体的服装,身姿笔直挺拔,说话富有激情,会让求职者在所有求职者人群中脱颖而出,为他们自己赢得更多的机会和更好的人生舞台。

二、举止得体,应答有礼

求职礼仪是大学毕业生开始新工作前,最重要也是最需要学习的课题。把握好这一特殊时段的举止,用得体的行为举止去打动人、说服人,就显得特别重要了。

参加面试时,除了熟记自己准备的资料外,如何把握短短一个小时左右的时机,最大限度地发挥自己的长处,掌握良好的交谈技巧,举止得体,树立良好的形象,也是实施成功面试的重要因素。

面试时不能迟到,一般比原定时间早 10～15 分钟到达面试地点比较好,这样你有充裕的时间到洗手间整理一下服装和面容。但也尽量不要太早到达,如果早到了,千万别在接待区走来走去,因为这样会打扰在公司上班的职员,给人留下无所事事、没有规矩的坏印象。如果招聘人员迟到了,你也不能流露出任何不满的情绪,特别是招聘者有意为之时,更应该警惕。

进入面试室,要掌握以下几点。

1. 进屋时机的把握

如果没有人通知,即使前面一个人已经面试结束,也应该在门外耐心等候,不要擅自走进面试房间。叫到自己的名字时,有力地应答一声"到",然后再轻轻敲门,一般是敲三下,听到里面说"请进"后,再轻轻推开门进入,说声"打扰了"。进门后转过身去正对着门,用手轻轻将门关上,回过身来将上半身前倾 15～30 度,向面试官鞠躬行礼,面带微笑称呼一声"您好",彬彬有礼而大方得体,不要过分殷勤、拘谨或谦让。

2. 握手要有"感染力"

面试时,握手是最重要的一种身体语言。不少企业把握手作为考察一个应聘者是否专业、自信的依据。要让对方通过握手感受到你的自信、你的热情,这是创造好的第一印象的最佳途径。记住,一定是用右手握手。

3. 入座的讲究

进入面试室后,在没有听到"请坐"之前,绝对不可以坐下,等考官告诉你"请坐"时才可坐下,坐下时应道声"谢谢"。良好的坐姿是给面试官留下好印象的关键要素之一。不要坐满位,显得太随意,也不要只坐在椅边,显得太紧张,坐椅子的 2/3 就行;上身挺直,保持轻松自如的姿势;身体要略向前倾;不要弓着腰,也不要把腰挺得很直,这样反倒会给人留下死板的印象,应该很自然地将腰伸直,并拢双膝,把手自然地放在上面。自己随身带的公文包或皮包,不要挂在椅子背上,可以把它放在自己坐的椅子旁边或背后。

4. 自我介绍的分寸

自我介绍是面试实战非常关键的一步,很大程度上决定着面试者在各位考官心里的形象。面试中的自我介绍要恰到好处、不失分寸,要把握以下几个要点:第一,要控制时间,以半分钟左右为佳,如无特殊情况最好不要超过 1 分钟,语言一定要力求简洁;第二,要讲究态度,要落落大方,要自然、友善、亲切、随和;第三,要突出个人的优点和特长,并要有相当的可信度;第四,要展示个性,使个人形象鲜明,可以适当引用别人的言论,如老师、朋友等的评论来支持自己的描述;第五,坚持以事实说话,少用虚词、感叹词之类;第六,要符合常规,介绍的内容和层次应合理、有序地展开,要注意语言逻辑,介绍时应层次分明、重点突出,使自己的优势很自然地逐步显露;第七,尽量不要用简称、方言、土语和口头语,以免对方难以听懂,当不能回答某一问题时,应如实告诉对方,含糊其词和胡吹乱侃会导致失败。

有的大学毕业生自我介绍过于平常,只说姓名、年龄、爱好、工作经验,而这些在简历上都有。其实,企业最希望知道的是求职者能否胜任工作,包括:最强的技能、最深入研究的知识领域、个性中最积极的部分、做过的成功案例、主要的成就等,要突出积极的个性和做事的能力,说得合情合理才让人信服。

其实,考官要求大学毕业生进行自我介绍有几层含义:一是通过自我介绍,可以基本了解你的口头表达和沟通等能力;二是他们也可以基本判断你是否了解该职位的要求,就像我们所知道的,你的自我介绍是要与他们的职位需求相契合的,如果你连你未来工作的主要方向都不知道,那你自我描述时往往就是表述他们不感兴趣的东西;三是他们也可以通过这个来判断你是否诚实,求职者有可能会在简历或者应聘表上做手脚,但临场的口头表述往往更趋真实性。

5. 回答问题的礼节

用人单位招聘应届大学毕业生,看重的就是他们是一张白纸,可塑性强,面谈的目的就是在众多的应聘大学生中选拔出一些综合素质强的加以培养塑造。无论应聘什么职位,都要如实回答,不要不懂装懂,不要耍小聪明,同时话多了不行,要适可而止。面谈时,一般情况下,应该有问必答。当主考官提出的问题令你感到受冒犯或者与工作无关时,可以有礼貌地委婉回答:"对不起,我不知道这个问题与我应聘的职位有什么关系,我能不能暂时先不回答这个问题呢?"千万不要很生硬地拒绝:"我不能回答这样不礼貌的问题。"或者"怎么问这么不礼貌的问题?"等。此时此刻,不能意气用事,或者表现得不礼貌、不冷静。拒绝是可以的,但口气和态度一定要婉转、温和。学会说话也是一种礼仪。

6. 形体语言的恰当运用

在进出面试办公室时,一定要保持抬头挺胸的姿态和饱满的精神,与人交谈时不要左顾右盼,坐姿歪斜,晃动双腿等,这都是不好的肢体语言。

面试时要面带微笑,微笑是面试中最不可或缺的表情,微笑会增进与面试官的沟通,提高你的外部形象,恰当的眼神能体现出智慧、自信以及对公司的向往和热情。面试者要目光平和而有神,专注而不呆板。如果有几个面试官在场,说话的时候要适当用目光扫视一下其他人,以示尊重。回答问题前,可以把视线投在对方背面墙上,用两三秒钟做思考,不宜过长,开口回答问题时,应该把视线收回来。

第三节
面试后的必备礼仪

面试虽然结束了,但用人单位的考察并没有画上句号。面试结束时的礼节是用人单位考察录用的重要标准。首先,不要在主考官结束谈话前表现出浮躁不安、急欲离去的样子;其次,不要在主考官起身或用"同你谈话我感到很愉快""感谢你前来面谈"这样的辞令来结束谈话时不及时起身告辞;再次,告辞时应同主考官握手,面带笑容地感谢给予机会面谈,离开时,如果在你面试前有秘书或接待员接待过你的话,也应一并向他们致谢告辞;最后,为了加深考官对你的印象,增大求职成功的可能性,面试后的两三天内,最好给主考官打个电话或发个信息表示感谢,记住一定要记下面试时与你交谈的主考官的名字和职位。

一、表示感谢,用心得体

(一)电话致谢

在面试后的两三天之内,不妨给主考官打个电话表示感谢,注意一定要在合适的时间打电话,最好不要选择周一上午或周五下午、午休时间以及刚好上班或下班的时候打电话。电话感谢要简短,最好不要超过3分钟。电话里不要询问面试结果,因为这个电话仅仅是为了表现你的礼貌和让对方加深对你的印象而已。通话中注意保持微笑,要有一个良好的状态,遵守电话礼仪,展现大学生良好的素养。

(二)写信致谢

主考官对面试人的记忆是短暂的。感谢信是你最后的机会,它能使你显得与其他求职者有所不同。感谢信包括电子邮件和书面感谢信。

如果平时是通过电子邮件的途径和公司联系的话,那么在面试结束后,发一封电子感谢信,是既方便又得体的方式。

但大多数情况下还是写书面感谢信,特别是在面试的公司非常传统的情况下,更应如此。书面感谢信最好用白色的A4纸,字的颜色要求是黑色。内容要简洁,最好不要超过一页纸,在书写方式上有手写和打印两种。打印出来的感谢信较为标准化,表示你熟悉商业环境和运作模式,但签名应该手写,不过打印稿有时难免给人留下千篇一律的印象。如果想与众不同,或是想对某位给予你特别帮助的主考官表示感谢,手写则是最好的方式,这个前提是你的字写得要比较正规而好辨认。

感谢信的开头应说明你的姓名及简单情况,以及面试的时间,并对主考官表示感谢。中间部分要重申你对该公司、该职位的兴趣,或增加一些对求职成功有用的新内容。结尾可以表示你对能得到这份工作的迫切心情,以及为公司的发展壮大做贡献的决心。

每个就业机会,都会遇到很多竞争对手,各人的能力素质是很难比较的。这时候,如果能用礼貌而得体的方法,引起公司对你的注意,在厚厚一摞求职信中找出你的简历,你就赢了。

二、查询结果,耐心细致

面试结束之后到了主考官许诺的通知时间,如果没有得到任何回音,不妨主动给负责招聘的人打个电话,询问一下面试结果,也许会有助于加强你在考官心目中的印象。不可操之过急地过早地打听面试结果,要给招聘者对比选择的时间。

打电话询问面试结果,同样要注意遵循打电话礼仪,要在合适的时间有礼貌、有技巧地询问。

(一)合适的时间

打电话询问面试结果不要在休息时间进行,必须是在正常工作日的时间段内进行,但要注意避开工作繁忙时间。工作繁忙时间一般是周一上午和周五下午,因为这两个时间段很多单位都有开例会的习惯。即使不开例会,周一早上是新的一周的开始,往往还处于适应期,而且还有工作上的事宜需要安排;周五下午又面临着周末,所以,从心理上自然会"排斥"给他添麻烦的事情。还有就是每天刚上班的一个小时和下班前的一个小时也不要打,因为这个时间段内不是要忙着安排一天的工作就是在集中精力处理公事。

(二) 询问的技巧

同样的一句话,不同的问候方式,会给人留下不同的印象。所以,在通话的过程中,自始至终都要尊重自己的通话对象,热情、懂礼。

(1) 接通电话后,首先说一声:"您好!"接下来要自报家门,让对方知道自己是谁。自报家门的内容应该包括:自己的姓名、何时去面试的何职位等。这样,以便对方能及时知道你是谁。在电话中要表明自己对贵公司的向往和愿意为公司的发展做贡献。如果要找的人不在,需要接听电话的人代找,请使用"请""麻烦""劳驾""谢谢"之类的礼貌用语。留言或转告,都不是询问面试结果的首选方式,可以打听要找的人什么时间在,然后到时候再打。

(2) 打电话的时候,用手拿好话筒,保持正确的姿态及微笑的表情与人通话,通话时还要注意语调谦虚热情、音量适中、发音和咬字准确。你必须通过一个清晰、生动、中肯、让人感兴趣的声音给对方一个良好的印象。

(3) 打电话询问的时间长度要有所控制,基本的要求是宁短勿长。其实,就询问本身来说,两三分钟的时间足能解决。所以,除直接询问结果之外,"表白"的内容长度也要有所控制,不要没完没了地说,要及时结束通话。

(4) 打电话时要认真倾听对方讲话,重要内容要边听边记。同时,还要礼貌地呼应对方,适度附和、重复对方话中的要点,不能只是说"是"或"好",要让对方感到你在认真听他讲话。结束通话的时候,可以让对方先挂电话,以示对对方的尊重。如通话因故暂时中断,你要立刻主动给对方拨过去,并要道歉,不能不了了之,或等对方打过来。

(5) 如果知道自己没被录用,一定要稳定自己的情绪,仍然热情地请教一下未被录用的原因,可以说"对不起,我想请教一下我没有被录用的原因,我好再努力"。谦虚有可能赢得对方的同情,同时给你下一次的面试机会。

三、求职结果,坦然接受

求职的成功与否,是多方因素造成的。因而,一定要有两手准备。作为一个求职者,在经过数日的奔波、多次的面试之后,终于得到了被录用的消息,定会欣喜若狂,这是正常反应。但在欣喜之余,一定要保持平静的心态,积极做好迎接新工作、适应新环境的准备。如果未被录用,不要迁怒他人,或对招聘单位发泄怨气,更不要对自己失去信心。

(一) 求职成功的注意事项

1. 尽快完成角色转换

来到一个新的单位,工作在一个新的岗位,要尽快调整好自己的心态,去适应新的环境、新的工作、新的同事,完成角色转换。要做到这些,首先你要去全面了解你的新单位和新岗位;其次要根据工作要求,及时学习新知识,构建新的知识结构,提高自己的职业技能,快速适应新工作,不辜负用人单位对你的期望。

2. 建立良好人际关系

良好的人际关系是事业成功的基础。这就要求刚刚走上新岗位的大学毕业生们应该学会与人沟通,尽快建立良好的人际关系氛围。第一,要人品好,要有人格魅力;第二,要树立团队合作意识;第三,要有良好的口语表达能力;第四,要有应变能力;第五,要自信,保持乐观向上的心态,提高自己的心理承受能力。只有尽快地去适应新环境,与人友好相处,建立良好的人际关系,才能在新的环境里树立自己的良好形象。

3. 保持一颗上进心

新的工作环境,新的工作岗位,对人生是一种机遇,更是一种挑战,应该珍惜这一机遇,迎接这一挑战。用人单位安排的岗位你也许很满意,也许因不能施展你的专业特长而不喜欢,而且,岗位的不同,薪资待遇等方面也会有所不同,但是不管怎样,都要勇于面对,应该学会从零开始。始终拥有一份好的心情,保持一颗上进心,在工作中脚踏实地,精益求精,敬业奉献,勤奋好学。如果遇到不顺心的事,要善于调整心态,相信未来是美好的,只要努力,一切都会过去的,不要对生活失去信心,命运掌握在自己手中。

(二) 求职失败要总结教训

求职面试失败,你应该对你在面试时遇到的难题进行梳理与回顾。重新考虑一下,如果他们再一次向你提问,你该如何更好地回答这些问题。尽量把你参加面试的整个经过,每个面试提问,所有细节都记载在面试记录手册里。面试成功与否并不是最重要的,最重要的是从上一次面试中分析各种因素,学到经验,下次面试会更强。应聘中不可能个个都是成功者,在竞争中失败了,不要气馁。这一次失败了,还有下一次,就业机会不止一个,关键是必须总结经验教训,找出失败的原因,并针对这些不足重新做好准备。

国外有些大公司对不预备录用者的情况给出了明文规定,如日本某公司条文说:"应聘者声音轻如蚊子者,不予录用;说话没有抑扬顿挫者,不予录用;交谈不得要领者,不予录用;面谈不能干脆利落地回答问题者,不予录用;说话缺少气势,使人为之不耐烦者,不予录用……"所以,在求职的过程中,要走出以下这些误区。

(1) 说话吞吞吐吐,声音轻如蚊叫,表情很不自然。生怕说错、出丑,担心自己不符合要求。

(2) 说话空洞,有时会不自觉地加大音量。往往伴有表情、手势、姿态上的小动作。说话空洞,令人乏味,过多的小动作是为了掩饰自己内心的不安和胆怯的表现。

(3) 刻意追求仪表,不符合所求工作岗位的要求。求职者注意服装,穿着整洁得体即可,但大学生浓妆艳抹或西装革履、衣冠楚楚,去竞争机关团体岗位等就很不得体,这实际是掩饰内心虚弱的表现。

(4) 谈话时经常打断对方话头,生怕对方不了解自己,尤其怕对方误解自己,想通过插话来壮胆。这样的举动一方面显得不礼貌;另一方面又是着意掩饰自己信心不足的表现。

(5) 思维只跟着对方走。对所有话题的处理,只是一味地顺从、点头,看不到求职者的主观能动性,更无法显示出求职者的个性。

(6) 试探或犹豫不决。应聘者在面试中如果措辞艰难,吞吞吐吐,或者像外交官似的大量使用外交辞令,而在很多问题上绕着圈子走,也会引起主考官的不快。说话谨慎是应该的,但过于谨慎便会使人反感或轻视。公司决不愿意用那种可怜兮兮,凡事没有主见,犹豫不决的人。

(7) 有的应聘者习惯说半截话,似乎总要让人费心去猜。主考官最不愿意听这种没头没脑的话,也没有耐心去"且听下回分解"。

总而言之,求职礼仪的培养应该是日积月累、内外兼修的。内在修养的提高是提高求职礼仪的根本。求职成功来源于自信,心理坦然,态度自然,说话实事求是,才有可能正常发挥自己的学识和能力水平,甚至超常发挥,取得成功。

参考文献

[1] 肖薇.职业素养与礼仪[M].北京:北京理工大学出版社,2011.
[2] 金正昆.社交礼仪[M].北京:中国人民大学出版社,2006.

大学生形体礼仪
基础教程

高等院校艺术学门类
"十四五"规划教材

本书特色

　　全书分为上、下两篇，共4章，上篇讲解了身姿认识、形体梳理；下篇讲解了礼仪概述、大学生个人礼仪、校园礼仪、公共礼仪、社交礼仪、求职面试礼仪以及习俗礼仪。全书为大学生量身打造，用规范的礼仪来指导大学生的言行举止，使其学礼用礼，以礼待人；让大学生在学习知识、培养沟通技能等方面全面和谐发展，增强就业竞争力，从而提高大学生的整体素质。

A R T D E S I G N

策划编辑：彭中军
责任编辑：张会军
封面设计：优　优

定价：59.00元